Heinz Gerlach
Die Dornenkrone blüht
Hilfen zu Passion · Ostern · Pfingsten

Heinz Gerlach

Die Dornenkrone blüht

Hilfen zu
Passion
Ostern
Pfingsten

Verlag Lydia Gerlach Marburg

CIP-Titelaufnahme der Deutschen Bibliothek

Gerlach, Heinz:
Die Dornenkrone blüht: Hilfen zu Passion, Ostern, Pfingsten
/Heinz Gerlach.-Marburg : Gerlach, 1988
ISBN 3-922219-42-X

ISBN 3 - 922219 - 42 - x

© 1988 Verlag Lydia Gerlach, Marburg
Alle Rechte vorbehalten
Druckerei H. Kombächer, Marburg
Printed in Germany

INHALTSVERZEICHNIS

GEDANKENSPLITTER ZUR PASSION
Die Dornenkrone blüht	11
Der Esel	12
Bin ich's?	13
Der Kuß	14
Dreißig Silberlinge	15
Kaiphas	16
Der Hahn	17
Verteidigungsrede des Lammes	18
Ecce homo	19
Barabbas	20
Hände in Unschuld waschen	21
Hilf dir selbst!	22
Marias Klage	23
Maria und Johannes unter dem Kreuz	24

PASSIONSANDACHTEN
Der Einzug in Jerusalem führte zum Kreuz...	27
Den Abschied deutete Jesus an...	29
Jesus hatte Angst vor dem Leiden...	31
Jesus wurde von den Seinen im Stich gelassen...	33
Den man laufen ließ, der verleugnete seinen Herrn	35
Schuldbeladene beschuldigen einen Schuldlosen	37
Ein Unschuldiger wurde zur Hölle geschickt...	39
Der nach Leben Dürstende...	41
Kreuze	43
Schweigen oder schreien?	44

PASSIONSPREDIGTEN
Versöhnung mit Gott	47
Leiden	49
Stationen des Leidens (Kreuzweg)	51

FAMILIENGOTTESDIENSTE ZUR PASSION
Symbole des Leidens — 57
Wir gehen Jesu Weg nach — 62
Die große Verwandlung — 67
Die Kreuzigung Jesu geht weiter — 72
Aus Unheil wird Heil, aus Tod wird Leben — 79

AGAPEFEIER ZUM GRÜNDONNERSTAG — 82

GEDANKENSPLITTER ZU OSTERN
Grabesruhe — 95
Der Tod ist gestorben — 96
Das leere Grab — 97
Wettlauf — 98
Das Ostergelächter — 99
Mit Furcht und Zittern — 100
Noli me tangere — 101
Der Zweifler — 102
Incognito — 103
Herr, bleibe bei uns — 104
Leben aus dem Tod — 105
Herr Ostero und Herr Zweifli — 107

OSTERPREDIGTEN
Das Unsagbare sagen (Mt 28,1-10) · — 113
An der Auferstehung hängt alles (Mk 16,1-8) — 115
Bleibe bei uns, Herr (Lk 24,13-35) — 118
Warum weinst du? (Jo 20,1-18) — 122
Den Auferstandenen be-greifen (Jo 20,19-29) — 125
Vertrauen lohnt (Jo 21,1-14) — 129
Mit Jesus auferstehen (1. Kor 15,1-11) — 132
Glaube an die Auferstehung - Glaube an den Auferstandenen (1. Kor 15,1-11) — 135
Der vierte Geburtstag (1. Kor 15,19-28) — 138

GEDANKENSPLITTER ZU PFINGSTEN
Sie sind voll süßen Weins   143
Feuer   144
Sturm   145
Taube   146
Wunder der Kirche   147
Kirchenschiff   148
Der Geist macht's   149
Der Geist spricht   150
Gemeinschaft der Heiligen   151
Ökumene   152

PFINGSTPREDIGTEN
Dem Leben trauen (Apg 2,1-8)   155
Anbetung im Geist (Jo 4,19-26)   159
Der Leib Christi (Eph 4,11-16)   163
Fleisch und Geist (Rö 8,1-11)   168

FAMILIENGOTTESDIENSTE ZU PFINGSTEN
Ich bin bei euch alle Tage bis an der Welt Ende   175
Gemeinschaft der Generationen
"Du sollst Vater und Mutter ehren!"   184
Brückenbauer
"Ich bin der Weg, die Wahrheit und das Leben"   193
Bitten und danken (Lk 11,5-8)   198
Ihr seid das Salz der Erde (Mt 5,13)   203

VORWORT

Nicht nur an Weihnachten gilt "alle Jahre wieder...". Auch die Passions- und Osterzeit fordert dem eine Menge Phantasie ab, der Sonntag für Sonntag auf der Kanzel steht. Passionsandachten, Familiengottesdienste, Betrachtungen für Gemeindekreise, kirchliche und weltliche Blätter wollen erarbeitet sein. Im Raum der Kirche muß nicht alles originär sein. Hier darf gesagt werden, was andere vor uns gedacht und formuliert haben. Originalität ist weniger gefragt als Treue zu dem, was ER und seine Apostel gesagt haben. Möge dieses Praxis - Buch Anstöße geben, das Alte neu zu sagen. Dieses Buch will eine Art Steinbruch sein. In ihm wird mancher manches als Geröll bezeichnen. Aber ohne die Mühe, dieses abzuräumen, findet man keine für den eigenen Bau geeigneten Steine. Viele Bausteine müssen individuell bearbeitet werden, denn jeder hat seinen eigenen "Baustil". Doch Rohmaterial wird benötigt. Möge es sich bewähren!

Heinz Gerlach

GEDANKENSPLITTER

ZUR PASSION

DIE DORNENKRONE BLÜHT

Statt Lorbeerkranz,
eine Dornenkrone.
Statt Ehrfurcht und Achtung,
nur Hohn und Spott.
Statt Gehorsam und Dienst,
Frechheit und Schläge.
Dornen dringen ins Haupt.
Gemeinheit geht unter die Haut.
Spitzen sitzen fest im Fleisch.
Ein König zum Lachen.
Ein Herrscher ohne Macht.
Ein Fürst ohne Anhang.
Wenn Gott dies zuläßt,
dann ist Jesu Gottverlassenheit erwiesen.
Wenn Gott nicht einschreitet,
dann steht Gott nicht hinter ihm.
Wenn Gott sich dies bieten läßt,
dann kann ER nicht Gottes Sohn sein.

Doch Gott läßt sich nicht provozieren.
Sein Handeln schreibt ihm niemand vor.
Seine Reaktionen sind nicht kalkulierbar.

Aus Dornen läßt ER Blüten erstehen.
Den Stamm des Kreuzes macht ER zum
Baum des Lebens.
Das Schrecklichste läßt ER zum Heil geschehen.
Der Ohnmächtige erhält alle Gewalt.
Der dem Tod ausgeliefert wird,
spricht über den Tod das "Aus!".
Der zum Schweigen Gebrachte
bleibt das ewige Wort der Liebe.

DER ESEL

Ich bin das königliche Tier.
Gott braucht mich seit Bileams Zeiten.
Doch selten komme ich zu Ehren.
Schleppen und tragen,
das ist mein Schicksal.
Was den Herren zu schwer,
das bürden sie mir auf.
Doch nicht genug damit:
Schläge sind mein Lohn.
Wie kein anderes Tier
bekomme ich den Knüppel zu fühlen.
Und für dumm hält man mich obendrein.
Warum ich störrisch bin,
verstehen sie nicht.
Sie wissen's nicht besser.
Wie soll ich Selbstachtung mir bewahren,
wenn ich mich ab und an nicht widersetze,
nicht funktioniere,
wie es ihnen paßt?
Wie soll ich mein Ich retten,
wenn nicht durch Protest zu ungelegener Zeit?

Nur einmal ging ich,
ohne störrisch zu sein.
Als ER auf mir ritt.
Denn ER übertrifft mich an Demut.
ER ließ sich mehr aufbürden
als Kilos allein.
ER steckte Prügel ein,
die andere verdienten.
ER ist der Lastträger schlechthin.
IHN trug ich gern!

BIN ICH'S ?
So konnten die Jünger nur fragen,
wenn sie es für möglich hielten,
daß sie's wären.
Hatten allesamt ein schlechtes Gewissen?
Hielten sie es alle für möglich,
daß jeder dazu in der Lage wäre, zu tun,
was Judas tat?
Wem verdanken sie es,
daß sie's nicht waren?

Entrüstung steht uns schlecht an.
Wer sich ent-rüstet,
legt Rüstung ab,
wird angreifbar.
Er setzt Maßstäbe,
an denen er selbst gemessen wird.
~~Entrüstung soll andere treffen,~~
~~doch uns wird sie treffen.~~

Bin ich's,
der an der Liebe Gottes irre wird?
Bin ich's,
der die Gemeinschaft mit Jesus aufkündigen wird,
wenn Krankheit an seiner Liebe zweifeln läßt?
Bin ich's,
der die Hoffnung aufgibt,
daß er der Heiland ist,
weil die Macht des Todes
die lautere Propaganda macht?
Wer bin ich, daß ich sagen könnte,
ich halte den Glauben durch bis zum bitteren Ende?
Wer bin ich, daß ich meiner selbst so gewiß wäre
und die Hand für mich selbst ins Feuer legte?
Wer bin ich, daß ich im voraus wüßte,
zum Verrat wäre ich nicht in der Lage?
Bin ich's?

DER KUSS

Ausgekochte Gemeinheit,
die Geste der Liebe
zu pervertieren,
zum Zeichen
des Verrats zu machen!
Doch wie oft wird mit einem Kuß verraten!
Die eigene Frau,
die Kinder,
gemeinsam erlebtes Glück
wird mit Füßen getreten.
Ein Kuß kann den Verrat einleiten.
Und der Weg führt meist
noch tiefer in die Nacht.

Jesus läßt Judas gewähren.
ER wendet sich nicht ab.
ER sagt noch: "Mein Freund!".
Wie groß und weit muß ein Herz sein,
das solche Gemeinheit verschmerzt,
das freundlich bleibt
und Feindesliebe verwirklicht!
Steckt in dieser Szene
Evangelium?
Trost ist es mir,
zu wissen,
daß Jesu Liebe allemal größer ist
als meine Sünde,
daß in seinem Herzen
ich einen Platz haben werde,
bei ihm nicht verloren bin
- trotz des Verrates.

DREISSIG SILBERLINGE

Glaubt ihr, das sei ein stattlicher Preis gewesen?
Glaubt ihr wirklich, mir sei's ums Geld gegangen?
Was wißt ihr schon, wie quälend das war, zu sehen,
wie ER zögerte!
Hatte ER nicht x-fach bewiesen,
daß Gott hinter ihm stand?
Hatte ER nicht oft genug gezeigt,
daß sein gebietendes Wort mächtig war?
Hatte ER nicht längst unter Beweis gestellt,
daß ER ein Herz für Unterdrückte hatte?
Warum tat ER nicht, worauf alle so sehnlich warteten?
Endlich ein freies Volk sein!
Endlich - nach Jahrhunderten - ohne fremdes Joch!
Endlich wieder spüren, daß man das auserwählte Volk war!
....
ER war einfach zu sanft.
Jemand mußte ihm auf die Sprünge helfen.
Das war mein Gedanke.
Die dreißig Silberlinge nahm ich,
weil ich auch sonst fürs Geld verantwortlich war.
Die Kasse konnte eine Auffüllung gebrauchen.
Ich wollte nichts anderes, als die Entscheidung herbeiführen.
Ich wollte IHN zwingen, seine himmlischen Heerscharen
endlich in Anspruch zu nehmen.
War das unehrenhaft von mir gedacht?
Sagt selbst, ehe ihr urteilt!
Konnte ich's ahnen,
daß ER sich wehrlos würde abführen lassen?
Ich hatte IHM mit einem Kuß zu verstehen gegeben,
daß ich's gut mit IHM meinte.
Warum ist es nur so ganz anders gekommen, als ich dachte?
Mir blieb nur noch der Strick.
Doch meine Motive
- das sollt ihr wissen! -
waren lauter.
Habt ihr noch nie in guter Absicht
genau das Verkehrte getan?
Ich war verzweifelt.

KAIPHAS

Glaubt mir,
es ist nicht leicht,
Hoherpriester zu sein.
Verantwortung tragen
für die Reinheit der Lehre,
für die Einhaltung der heiligen Ordnungen,
für die Einheit des Glaubens
- ich hätte sie gerne abgegeben!
Vorgewarnt hatten wir IHN oft genug.
Unsere Fangfragen hatte ER auch eindeutig begriffen.
Doch ER hatte kein Einsehen.
ER stellte sich gegen alle Autoritäten.
ER setzte sein "Ich aber sage euch...!" frech entgegen.
ER ließ nicht ab, das Gesetz zu entthronen.
Das konnte doch nicht gut gehen.
Das hätte ER wissen können.
Ich mußte abwägen,
was besser sei,
Verwirrung der Seelen durch seine Predigten
oder Liquidierung dieses Außenseiters.
Wolltet ihr in meiner Haut gesteckt haben?
Persönlich - ich gebe es zu - war ER mir sogar
sympathisch.
Seine Erscheinung forderte mir Respekt ab.
Aber was sein muß, muß eben sein!
Da darf einem die Stimme des Herzens nicht dreinreden!
Mir blieb einfach keine andere Wahl.
Hätte ER Gott nicht für sich in Anspruch genommen,
hätte ER nicht so getan,
als wäre ER mit Gott per Du
- ich hätte IHM ein Schlupfloch offen gelassen.
Aber ER versuchte erst gar nicht, heil zu entkommen.
ER wollte es offenbar nicht anders.
Mir kann man das nicht vorwerfen!

DER HAHN

"Dreht ihm den Hals um!
Er läßt mich nicht zur Ruhe kommen!"
Ich weiß es längst,
daß ich meinen Herrn verriet.
"Was, Sie gehen zur Kirche?"
- so fragte der Kollege spöttisch.
Meine Antwort war ausweichend,
weich
und ohne Rückgrat.
Schon wieder krähte der Hahn!
Bei einer Beerdigung sollte ich
einen Nachruf sprechen,
Gelegenheit,
Farbe zu bekennen.
Doch über allgemeine Floskeln
kam ich nicht hinaus.
Schon wieder krähte der Hahn!
Auf dem Elternabend in der Schule
wollten sie Religion absetzen,
andere Fächer seien wichtiger,
sagten sie.
Mir aber blieben die Worte
im Hals stecken.
Schon wieder krähte der Hahn!
"Dreht ihm den Hals um!
Er läßt mich nicht zur Ruhe kommen!"
Muß ich mir ewig meine Feigheit vorhalten lassen?
In die Stadt zog ich.
Dort war kein Hahn zu hören.
Doch jetzt schaut er mich stumm
vom Kirchturm an.
Der Stumme spricht.
Flucht ist aussichtslos.
Doch aussichtsreich ist, was Petrus tat:
"Er aber weinte bitterlich."
Nur Tränen und Reue
und die ausgestreckte Hand Jesu:
erst dann hält der Hahn seinen Schnabel.

VERTEIDIGUNGSREDE DES LAMMES

"Lammfromm" - sagt ihr.
Doch ihr wißt nicht, was ihr sagt!
Ist mein Schweigen und meine Geduld,
ist meine Unfähigkeit zum Widerstand
- ist dies schon Ausweis von Frömmigkeit?
Was wißt ihr schon,
wie es in einem Lamm aussieht?
Wer kennt die Furcht meines Herzens?
Wer weiß, wie es hadert in meiner Brust,
daß ich so geschaffen bin und nicht anders?
Ist solcher Protest gegen den Schöpfer fromm?
Was - so frage ich euch - hat
meine Arglosigkeit gegenüber den Menschen
mit Frömmigkeit zu tun?
Mein Hirte führt mich zur Weide.
Ich weiß nicht,
wann er das Messer ansetzt.
Die Schlachtbank wird mein Schicksal sein.
Doch ich weiß nicht, wie es sein wird.
Wißt ihr es,
was der Tod ist?
Ich vertraue:
Was der gute Hirte tut,
das ist wohl getan.
Nennt ihr mich deshalb "lammfromm"?
Dann verdiente nur einer, so zu heißen.
Denn nur ER war ganz und gar mit dem Vater eins.
ER, das Lamm Gottes,
hielt das Vertrauen durch.
ER ließ nicht ab.
ER setzte auf die Güte Gottes,
bis ER sprach:
"Es ist vollbracht!"

ECCE HOMO

Seht, welch ein Mensch!
Seinesgleichen hat es nie gegeben!
ER
- der wahre Spiegel Gottes.
Unverfälscht macht ER
Gottes Liebe sichtbar.
Der Mensch kann seine Schuld
nicht abwälzen.
Weder auf andere
noch auf Gott selbst.
Einen Konstruktionsfehler
in der Schöpfung Gottes
zu postulieren,
ist nicht zulässig.
Das Verschiebespiel mit der Schuld
war schon Adam und Eva verwehrt.
Gott macht es nicht mit.
Er antwortet auf alle
Schuldzuweisung
mit seinem Sohn.
ER übernimmt alle Schuld
aus Liebe.
Nicht durch Strafgericht,
durch Dreinschlagen
mit eiserner Faust
rettet ER die Welt,
sondern durch Auffangen
eines jeden Falles
in seinem gütigen Herzen.
Seht, welch ein Mensch,
in dem das Herz Gottes schlägt!

BARABBAS

Wenn überhaupt einer sagen kann,
ER sei für andere gestorben,
dann bin ich es.
IHM,
an dem Pilatus keine Schuld fand,
verdanke ich mein Leben.
Wahrlich,
für mich,
an meiner Statt
ist ER gestorben.
Einem Mörder
schenkte Er das Leben.
Das tut kein Mensch.
Das ist göttlich.
Schon Kain hatte es erfahren,
daß sich Gott schützend vor einen Mörder stellt.
Bin ich der Kain von heute?

Wie verrückt ist die Welt!
Wie trübt der Haß den Blick fürs rechte Maß!
Ich,
der Mörder,
gehe frei aus,
und jener muß dran glauben.
Das zu glauben wäre eine Zumutung,
wenn ich's nicht selbst erfahren hätte
am eigenen Leib.
Mir ist das Leben geschenkt.
ER nahm meine Strafe auf sich.
Sage noch einer,
Gottes Wege seien nicht rätselhaft!
Voller Fragen sind sie.
Aber mir zum Heil!

HÄNDE IN UNSCHULD WASCHEN

Was ging ihn,
den römischen Statthalter,
das religiöse Gezänk an?
Nichts!
Wozu sollte er einen Juden retten,
wenn seine eigenen Volksgenossen ihn preisgaben?
Warum sollte er ihren Führern keinen Gefallen tun,
wenn er sie sich damit verpflichten konnte?
Güterabwägung
nennt man das.
Aber, daß er zu urteilen verstand,
das sollte doch unter Beweis gestellt werden.
Ein Ermittlungsverfahren zu führen,
das hatte er gelernt.
"Unschuldig im Sinne der Anklage!"
- das stand für ihn fest.
Und eine Chance, IHN zu retten,
hatte er ihnen auch gegeben.
Doch Barabbas wollten sie.
Wie gesagt:
Güterabwägung.
Es sich mit einem oder mit vielen verderben,
das war hier die Frage.
Daß an seinen Händen kein Blut klebte,
das sollten sie wissen.
Ein Zeichen setzte er.
Eine Schüssel Wasser ließ er sich bringen.
Er wusch seine Hände in Unschuld.
Doch setzte er auch seine Unterschrift
unter ein ungerechtes Urteil.
Der Weg des geringsten Widerstandes
war einladend wie eh und je.

HILF DIR SELBST !

Gröhlende Menge,
neugierige Blicke,
sensationslüsterne Gesichter.
Hammerschläge und Schreie,
das Kreuz wird aufgerichtet.
Jetzt kann jeder gaffen,
keiner verstellt mehr die Aussicht.
Jeder kommt auf seine Kosten.
Spöttische Bemerkungen,
lautes Verhöhnen,
schadenfrohes Grinsen.
"Anderen hast du geholfen.
Nun hilf dir selbst!"
Nicht um IHN geht es,
sondern um sie!
Ist ihnen noch zu helfen?
Gibt es ein Mittel
gegen Trägheit des Herzens
und Dummheit im Kopf?
Wenn,
dann nur diese unendliche Liebe,
die Liebe dessen,
der da aushält am Kreuz,
der für seine Peiniger ein Gebet spricht.
Nein,
den Glauben wird ER ihnen nicht ersparen.
ER steigt nicht mirakulös vom Kreuz.
In aller Heimlichkeit,
in der Stille der übernächsten Nacht
wird ER das Kreuz hinter sich lassen.
Aber so,
daß es keiner gewahr wird
- es sei denn, er nähme es für wahr.
Nur Glaube wird ihnen Wahrnehmung gewähren.
Seine Auferstehung sollen sie bezweifeln können.
Glaube gilt aufs Wort
- oder gar nicht.

MARIAS KLAGE

Mein Gott, warum?
Es ist alles verloren!
Mein Gott, warum hilfst du nicht?
Warum steigt ER nicht herab vom Kreuz?
"Alles ist möglich dem, der glaubt"
- so hat ER selbst es gesagt.
Möglich wär's IHM wohl.
Ich verstehe IHN nicht.
ER ist noch so jung.
Könnte ich doch für IHN sterben!
Wo sind seine Jünger geblieben?
Ist denn keiner da, der helfen kann?
Bei IHM will ich bleiben bis zuletzt.
Vielleicht braucht ER mich noch.
Lange ist es her,
daß der Engel zu mir sprach:
"Fürchte dich nicht!"
Fest wollte ich mich an dieses Wort klammern.
Doch welche Mutter wäre ohne Furcht
in dieser grausigen Lage?
Wie nur soll ich hindurchgreifen
durch die Verborgenheit Gottes?
Wo soll ich sein Antlitz suchen
hinter der schwarzen Wand?
Gott selbst muß mir die Kraft geben,
an seiner Liebe festzuhalten!
Zu mächtig ist mir der Augenschein,
zu groß die Versuchung,
Gott mit dem Sohn sterben zu lassen.
Herr, halt mich bei dir!

MARIA UND JOHANNES UNTER DEM KREUZ

Wie sollte eine Mutter dieses begreifen können?
Nun drang das Schwert durch ihre Brust.
Wer versteht seine eigenen Kinder schon?
Die Stationen seines Weges zogen an ihr vorüber:
Die Umstände der Geburt,
die Flucht nach Ägypten,
das Suchen des Zwölfjährigen im Tempel,
sein ruheloses Leben,
seine Wunder und Predigten.
Und nun dies bittere Ende!
Wie sollte sie sich da nicht verschließen in ihrem Schmerz?
Doch ER wies sie an Johannes:
"Nimm dich seiner an, als wäre es dein Sohn. Liebe ihn, so liebst du mich!"
Und zu Johannes sprach ER:
"Nimm dich ihrer an, als wäre sie deine Mutter. Was du ihr tust, das tust du mir!"
Im Sterben noch sieht ER von sich ab,
ist er besorgt um das Los seiner Liebsten.
ER weist sie aneinander,
zeigt ihnen den Ort für ihre Tränen.
"Das Leben muß weitergehen!"
- so sagen wir in solchen Fällen.
Doch ER verbindet das Leben mit dem
Auftrag zur Liebe.
Das erst macht Leben lebendig.
Das weckt Dasein auf zur Lebendigkeit.
Das führt über den Tod hinaus.

PASSIONSANDACHTEN

DER EINZUG IN JERUSALEM FÜHRTE ZUM KREUZ..., ABER DER AUFERSTANDENE DURCHKREUZTE DAS KREUZ.

Es war ein seltsamer König, der in Jerusalem auf einem Esel einritt - auf dem demütigsten und meist geschlagenen aller Tiere. Ein König ohne Leibgarde, Dienerschaft, Kapelle vorn, Soldaten hinten. Ein König, der begleitet wurde von ein paar einfachen Männern, mit denen man keinen Staat machen konnte.
Ein König besonderer Art - ein Herzenskönig und Friedenskönig. Einer, der nicht andere zu Kreuze kriechen ließ, sondern selbst ans Kreuz ging. Einer, der nicht zwang, sich vor ihm zur Erde zu beugen, sondern der sich selbst erniedrigte. Einer, der nicht Recht und Vergeltung forderte, sondern Unrecht auf sich nahm und seine Gegner gelten ließ. Der demütige Esel paßte wahrlich besser zu ihm als ein stolzes Pferd.
Jesus enttäuschte! Er ging in den Tempel und verscherzte sich alle Sympathie. Statt die Römer aus dem Land zu jagen, vertrieb er die Händler aus dem Tempelhof. Statt Haßreden gegen die Besatzungsmacht zu halten, machte er sich unbeliebt bei Pharisäern und Priestern. Statt eine Kampftruppe zu organisieren, saß er mit ein paar Männern zusammen und feierte Abendmahl. Statt sich zur Wehr zu setzen und seine Macht auszuspielen, ließ er sich gefangennehmen. Die Ent-täuschung war perfekt, die Täuschung war zu Ende. Statt "Hosianna!" hieß es nun "Kreuzige ihn!".
Wer Samenkorn oder Lamm oder Knecht wurde, der imponierte nicht. Der Knecht, der anderen die Füße wusch, disqualifizierte sich als König üblicher Art.
Jesus ist ein König ganz anderer Art. Sein Herrsein besteht in seinem Opfer. Und daß er Herr ist, erwies sich an Ostern. Ohne die Auferstehung wäre die Kreuzigung sinnlos. Dann wäre Jesu Leben nur vorbildlich, sein Abendmahl nur eine schöne Sitte wie ein Erinnerungsessen. Ohne die Auferstehung wäre das Neue Testament ohne Unterschrift - also wertlos. Ein Scheck ohne Deckung.
Bis zum Vorabend von Ostern war die Welt noch in Ord-

nung. Alles ging seinen gewohnten Lauf. Die Sklaven des Pilatus beseitigten die letzten Blutspuren der Geißelung, und der Hohepriester machte einen Aktenvermerk: Gotteslästerer liquidiert. Die Toten lagen in den Gräbern, die ängstlichen Jünger hielten sich versteckt und begruben ihre Hoffnungen. Nach dem Leben folgt Sterben, auf Hoffnung folgt Enttäuschung - alles, wie gehabt!
Diese Abfolge jedoch brachte Ostern durcheinander. Denn die Ängstlichen trauten sich wieder hervor. Die Soldaten, die einen Leichnam bewachten, wurden wie ohnmächtig. Frauen sahen keine Gespenster, sondern erlebten Jesus leibhaftig lebendig. Das Dunkel der Welt wurde vom Osterlicht vertrieben. Der sich am Kreuz wie eine Kerze aufgeopfert hatte, verschwand nicht im Nichts, sondern brachte Licht in die Welt: Hoffnung für Sterbende und Verzagte, Mut für Gestrauchelte. Ostern - das war die totale Wende, die Umkehr dessen, was bis dahin galt: die Macht des Todes. Jetzt gilt: Die Macht liegt bei Jesus. Er ist Herr.
Diese Welterschütterung ist eingeflossen in die Art der Ostererzählung. Was zuvor fest stand wie ein Fels, das kam in Bewegung. Der Stein war weggerollt. Wie ein Erdbeben kehrte Ostern, was unten war, nach oben, und was innen war, nach außen. Der begrabene Tote lebt, und die ihn begruben, waren, als wären sie tot. Die Mächtigen, die das letzte Wort hatten, verstummten, und der, den sie zum Schweigen bringen wollten, redete noch immer. Die Frauen, die sich der Trauer hingaben, wurden umgewendet zum Leben. Aus denen, die geflohen waren, wurden Apostel, die nun standhielten. Und das alles, weil Christus den Tod besiegt hatte. Mit einem toten Jesus lohnt es nicht, Christ zu sein, aber mit dem lebendigen Christus! Und er sagt: "Folge mir nach!"

DEN ABSCHIED DEUTETE JESUS AN...,

ABER SEINE GEGENWART VERSPRACH ER !

Die Jünger hatten sich fragend angeschaut, als Jesus das Brot nahm und sprach: "Das ist mein Leib, der für euch gegeben wird." Dann hatte er das Brot gebrochen und ihnen ausgeteilt. Was sollte das bedeuten? Feierten sie nicht das Passahfest in den nächsten Tagen? Gedachten sie nicht des Auszugs aus Ägypten? Keiner von ihnen konnte zu diesem Zeitpunkt wissen, daß Jesus auf seine Kreuzigung anspielte. Freilich, er hatte schon mehrfach in rätselhafter Weise davon gesprochen, daß er in Jerusalem werde leiden müssen. Aber das hatten sie nicht so wörtlich genommen. Es würde schon alles gut gehen - so dachten sie.
Und dann nahm er den Kelch und sprach: "Das ist mein Blut, das für euch vergossen wird zur Vergebung der Sünden. Trinket alle daraus!" Und wieder stand ihnen ihr Unverständnis in den Gesichtern geschrieben. Ja damals in Ägypten, da spielte Blut eine Rolle. Die Türpfosten waren mit dem Blut des Passahlammes bestrichen worden, damit der Engel, der die erstgeborenen Söhne der Ägypter töten sollte, wußte, wo Israeliten und wo Ägypter wohnten. Das Blut des Lammes war das Erkennungszeichen. Das Blut hatte sie gerettet.
Erst nach der Kreuzigung und Auferstehung Jesu dämmerte es ihnen. "Zur Vergebung der Sünden!" - hatte Jesus gesagt. Diese blutige Kreuzigung war ihnen zugute geschehen. Aber am Gründonnerstag hatte das wirklich keiner verstehen können! Überhaupt haben sie vieles erst im Rückblick verstanden. So ist das nun einmal im Leben. Erst der Ausgang einer Sache läßt erkennen, wozu alles gut ist. Im Rückblick begreift man dann und wann, daß im Leid sogar Segen verborgen liegt. Alles, was wachsen soll, braucht Feuchtigkeit. "Die mit Tränen säen, werden mit Freuden ernten!" - sagte der Psalmbeter. Diese Tränen, die Jesus bei seinem letzten Abendmahl mit seinen Jüngern andeutete und die er dann im Garten Gethsemane und auf dem Kreuzweg vergoß, versiegten erst, als er mit den Worten starb: "Es ist vollbracht!"
Damit war das Heilswerk Gottes zur Vollendung gekommen.

Die Versöhnung Gottes mit den Menschen war vollzogen. Jesus hatte seine Liebe bis zum bitteren Ende durchgehalten. Nun hatte der Satan ausgespielt. Seitdem kann er uns nicht mehr länger von der Liebe Gottes trennen. Der Tod ist gestorben. Er hat seine Endgültigkeit eingebüßt und ist zum Türhalter degradiert. Er öffnet die Tür "von hier nach dort". Nicht mehr, aber auch nicht weniger!
Es ist eines der großen Geheimnisse Gottes, daß er den Abschied Jesu von seinen Jüngern zum Beginn einer neuen Weise seiner Gegenwart machte.
"Wo zwei oder drei versammelt sind in meinem Namen, da bin ich mitten unter ihnen." Wo Menschen in seinem Namen zusammenkommen, um sein Wort zu hören und sein Mahl zu feiern, da ist er wirkend, wirkmächtig, wirklich unter ihnen. Das ist eine andere Form von Gegenwart, nichts für Bildreporter und Kamera-Objektive! Das ist eine Gegenwart für Glaubende, die eine andere Form der Wahrnehmung haben, die es mit dem Herzen - also ganz subjektiv als Betroffene - "für wahr" nehmen. Den Glaubenden ist gewiß, ihr Herr wird sie nicht verlassen, sondern bei ihnen sein,"bis an der Welt Ende".
Wir hatten ein Vogelhäuschen vor dem Fenster und fütterten im Winter die Meisen. Es war nicht leicht, sie beim Fressen zu beobachten. Kaum traten wir näher an die Scheibe heran, da flogen sie davon. Wir mußten als Kinder lange stille stehen, unbeweglich und konzentriert ausharren, wenn die kleinen Wesen sich herzutrauen sollten. Wir dachten oft: Die Vögel müßten doch wissen, daß wir es gut mit ihnen meinen, denn sonst würden wir ihnen kein Futter streuen. Aber für die Meisen waren wir riesige, bedrohliche Gestalten. Immer neu mußten sie sich zwischen Hunger und Angst hindurchringen.
Geht es uns beim Abendmahl nicht ähnlich? Gott bietet uns seine Liebe und Nähe an, doch wir scheuen zurück vor seiner Gegenwart. Wenn wir nur mehr Vertrauen hätten! Oder größeren Hunger!
Den Abschied hatte Jesus angedeutet, aber seine Gegenwart hat er versprochen!

JESUS HATTE ANGST VOR DEM LEIDEN....,

ABER ER WUSSTE SICH IN GOTT GEBORGEN.

Nach dem letzten Abendmahl ging Jesus mit seinen Jüngern in den Garten Gethsemane. Er suchte die Stille, um zu beten. Inständig flehte er: "Vater, ist's möglich, so gehe dieser Kelch (des Leidens) an mir vorüber, doch nicht, wie ich will, sondern wie du willst!" Daß Jesus Angst vor dem Leiden hatte, macht ihn mir sympathisch. Jesus leidet mit uns. Er hat alles kennengelernt, was Menschen an Not und Leid, an Kummer und Schmerz, an Einsamkeit und Gemeinheit ertragen müssen. Er wurde verraten, verleugnet, von seinen Freunden im Stich gelassen, falsch beschuldigt, zu Unrecht verurteilt, verhöhnt, gegeißelt und qualvoll zu Tode gebracht.
Ich beobachte, daß Menschen sehr unterschiedlich mit ihrem Leid umgehen. Da gibt es jene, die ihr Leid hinausposaunen. Sie wollen beachtet und bedauert sein. Manche sonnen sich geradezu in ihrem Leid und schwatzen darüber zu jedermann. Sie stellen es zur Schau. Die Folge: Man nimmt sie nicht mehr ernst und geht ihnen möglichst aus dem Wege. Es wird dann einsam um sie.
Jesus sagte seinen Jüngern sein Leidenmüssen voraus, aber er kokettierte nicht damit. Er wehrte sich nicht, als er geschlagen wurde. Er ging still seinen Weg. Er hatte eingewilligt in den Weg Gottes.
Andere Menschen dagegen fressen ihr Leid in sich hinein und verschließen sich darin. Sie begeben sich in die Rolle des "stillen Leiders", um als Held zu erscheinen - wenigstens vor sich selbst! Das Leid wird ihnen zum Gefängnis. Kein Weg führt heraus.
Vergleichen wir auch hierzu Jesus! Im Garten Gethsemane erfaßte ihn die Angst vor dem Sterben. Am Kreuz äußerte er seinen Durst. Aber dies alles geschah nicht trotzig oder verbissen.
Wiederum gibt es Menschen, die reagieren aggressiv auf das Leid. Sie fühlen sich persönlich gekränkt. Sie empfinden ihr Leid als Ungerechtigkeit und möchten deshalb Gott auf die Anklagebank zerren und verhören: "Warum geschieht mir dies? Womit habe ich das verdient?" Aber man wird

zurückfragen müssen: "Was wäre dir geholfen, wenn du eine Antwort bekämest, die deine Vernunft befriedigte? Wäre das Leiden dann weg? Mindert eine Antwort die Intensität des Schmerzes? Und: Sollten wir nicht froh sein, daß wir nicht bekommen, was wir verdient hätten?"

Sicher, auch Jesus - gerade er !- hätte fragen können: "Ist das der Dank für meine Liebe?" Doch Jesus verzehrte seine Kräfte nicht im Protest. Laute oder leise Wehleidigkeit, stiller oder schreiender Protest gegen das Leid machen es oft nur schlimmer. Es anzunehmen dagegen bedeutet, es ein Stück weit zu besiegen. Jesus nahm den Tod an und tötete so den Tod. Solches Ja-Sagen zum Leid, es anzunehmen aus Gottes Hand, vermögen wir freilich nur aus dem Glauben heraus, daß hinter und jenseits allen Leidens Gott steht, um uns mit seinen gütigen Händen zu empfangen.

Ist dies die Antwort auf unsere "Warum-Frage", daß wir Vertrauen gewinnen, wenn alles für Mißtrauen votiert; daß wir uns beugen können, wenn alles nach Aufstand ruft; daß wir zu schweigen lernen, wenn alles nach Protest schreit?

Wenn wir sonst kein Gebet auswendig können, dieses Gebet Jesu am Kreuz sollten wir stets parat haben: "Herr, in deine Hände befehle ich meinen Geist!"

Dieses Gebet ist Ausdruck, daß wir uns Gott ausliefern, uns ihm anvertrauen. Es ist ein guter Rat der Kirche, an keinem Abend die Augen zu schließen, ohne diese Worte gebetet zu haben. Wenn wir unseren Leib zur Ruhe legen und unser Bewußtsein für einige Stunden schlafen lassen, so ist das jeweils ein "kleiner Tod", eine kleine Vorübung des letzten, endgültigen Sterbens. Was wir im Ernstfall können wollen, müssen wir zuvor tausendfach geübt haben.

Dies ist das innerste Wesen des Glaubens, daß wir lernen, Gott zu vertrauen, daß wir unsere Sicherheit nicht in uns suchen oder gar auf Äußerlichkeiten und Vergängliches setzen, sondern "aus uns herausgehen", uns verlassen, um uns ihm ganz zu überlassen, uns einzulassen auf sein Versprechen: Wer sich auf mich verläßt, den werde ich nicht verlassen. Oder wörtlich: "Wer sich zu mir bekennt, zu dem werde ich mich bekennen vor meinem himmlischen Vater."

JESUS WURDE VON DEN SEINEN IM STICH GELASSEN..., ABER ER SORGTE SICH FÜR DIE SEINEN ÜBER DEN TOD HINAUS.

In Gott sich geborgen wissen, das ist dann doppelt nötig, wenn man von den liebsten Mitmenschen im Stich gelassen wird. Keiner erhebe sich über die Jünger! Wer könnte mit Gewißheit sagen, daß er nicht auch geflohen wäre, als in der Dunkelheit der Nacht die Waffen im Garten Gethsemane klirrten und Jesus sich wehrlos gefangennehmen ließ?
Panische Angst erfaßt uns, wenn wir unsere Freiheit oder unser Leben bedroht sehen. Jesus aber blieb stehen und ließ sich fesseln. Er hatte eingewilligt in den Willen Gottes. Er war bereits geflohen - nämlich hin zu Gott. Nun konnte er das Gefesseltwerden ertragen.
Ich stelle mir vor, wie es ihm im Herzen weh getan hat, seine Jünger davonrennen zu sehen. Haben wir das nicht ähnlich auch schon erlebt, daß Menschen, auf die wir uns felsenfest verließen, uns im Stich ließen? Im entscheidenden Moment waren sie nicht da oder stahlen sich davon, brachten für unsere Lage kein Verständnis auf.
Solches Im-Stich-gelassen-Werden kann auch bei körperlicher Nähe passieren! Ich denke an schwerkranke Menschen, die die Ausweglosigkeit ihrer Krankheit fühlen. Sie werden umringt von den Angehörigen, die sich um das Bett scharen und auf sie einreden und so tun, als sei alles gar nicht so bedrohlich. Sie meinen es sicherlich gut, der Kranke aber fühlt sich nicht verstanden. Seine Not wird nicht gesehen oder sie wird heruntergespielt. Die Gefahr ist groß, daß sich der Kranke nun abkapselt und verschließt. Er ist gefangen wie ein Tiger im Käfig. Endlos dreht er sich im Kreis, nur durch Gitterstäbe von den anderen getrennt - und doch tief einsam.
Auch solche Tiefen hat Jesus durchlitten. Unter seinem Kreuz standen nur einige Frauen, seine Mutter und Johannes. Jesus behielt die Seinen im Blick, obgleich auch ihn der Schmerz hätte blind machen können für seine Nächsten. Wie schnell fixiert uns Schmerz auf uns selbst! Wir werden

an Gott irre, und unser Ich verstellt uns den Blick für das Du.
Wie ganz anders Jesus! Ausgestreckt hing er am Kreuz. Es war ihm nicht möglich, sich vor Schmerzen zu krümmen. Aber in seinem Inneren war er frei - so frei, daß er von sich absehen und auf seine Mitmenschen mit ganzem Herzen hinsehen konnte. Und da sah er nicht nur Freunde, sondern vor allem seine Feinde. Und für sie betete er! Dem Schächer sprach er das Paradies zu. Seine letzte Sorge galt seiner Mutter und seinem Lieblingsjünger Johannes. Jesus wurde von seinen Freunden im Stich gelassen, er aber sorgte sich um sie bis in den Tod und darüber hinaus. Zu Maria sprach er sinngemäß: "Nimm Johannes als deinen Sohn an. Sei wie eine Mutter zu ihm. Was du ihm tun wirst, das tust du mir. Du wirst es erfahren, daß darin Segen liegt, wenn du eine sinnvolle Aufgabe anpackst statt dich in Gram und Schmerz zu verlieren."
Und zu Johannes sprach er dann etwas so: "Dies ist deine Mutter. Nimm dich ihrer an. Laß sie nicht allein. Eine Trauernde braucht Beistand, einen Ort, wo sie sich ausweinen kann. Höre ihr Klagen an. Verkrümmt euch nicht in euch selbst, sondern öffnet eure Herzen füreinander. Dann werdet ihr spüren, daß ich bei euch bin."
Diese Aufgabe stellte Jesus. Und wer sich ihr stellt, wird merken, daß die Aufgabe zugleich Gabe ist: Eröffnung weiteren Lebens.
Denn Liebe ist stärker als der Tod. Liebe ist jene Macht, die über die Gräber hinausreicht. Die Begründung dazu: Gott selbst ist Liebe. Und wo wir am Ende sind, da ist Gott längst nicht am Ende mit seinen Möglichkeiten. Wenn wir sagen: "Hier stößt menschliche Kunst an Grenzen", dann zeigt sich, daß niemand Gott Grenzen setzen kann - selbst der Tod nicht.
Vor nichts hat der Tod Respekt - nur vor der Liebe, vor Gott selbst!

DEN MAN LAUFEN LIESS, DER VERLEUGNETE SEINEN HERRN...., ABER DER, DEN MAN ANS KREUZ NAGELTE, BEKANNTE SICH ZU SEINEM HERRN.

Im Stich gelassen werden ist bitter. Verleugnet werden ist doppelt bitter. Geschah die Flucht im Garten Gethsemane aus panischer Angst, gewissermaßen wie ein Reflex bei aufgeschreckten Rehen, ohne Überlegung, fast instinktiv, so war die Verleugnung des Petrus ein bewußter Akt.
Dreimal wurde Petrus gefragt, ob er zu den Freunden Jesu gehöre. Dreimal konnte er sich die Antwort zurechtlegen. Aber sein Mut reichte nicht aus, um sich vor den Soldaten und den ihn befragenden Frauen zu seinem Herrn zu bekennen.
Und doch muß man dem Petrus Courage bescheinigen. Denn er war der einzige, der Jesus nachgeschlichen war, als man ihn in der Nacht gefesselt zum Hohenpriester abführte. Die anderen hatten sich in der Dunkelheit in Sicherheit gebracht.
Und dafür hatte Jesus selbst noch gesorgt! Der Evangelist Johannes berichtet, daß Jesus zu den Soldaten sagte: "Ich bin es, den ihr sucht. Laßt aber diese (meine Jünger) gehen!" Und man ließ sie laufen. Man hatte es einzig auf Jesus abgesehen und ein eindeutiges Erkennungszeichen verabredet: den Judaskuß. Hatte sich Jesus also für seine Jünger eingesetzt und ihnen freien Abzug erwirkt - die anderen Evangelisten schildern diesen Abzug freilich als Flucht -, so hätte er vielleicht mehr Bekennermut seitens der Jünger erwarten dürfen. Petrus bereute auch sofort, daß er so jämmerlich versagt hatte. Als er seinen Herrn zum drittenmal verleugnet hatte und der Hahn krähte, erinnerte er sich daran, daß Jesus ihm dies alles vorausgesagt hatte. "Und Petrus ging hinaus und weinte bitterlich."
Es kränkt und schmerzt, wenn jemand, der uns nahesteht, so tut, als kenne er uns nicht. Solche Enttäuschung kann bitter machen. Umso verwunderlicher ist es, daß Jesus nach seiner Auferstehung den Petrus erneut in seinen Dienst stellt. Dreimal fragt er ihn am See Tiberias: "Simon Petrus, hast du mich lieb?" Und dreimal erhält Petrus auf seine

bejahende Antwort den Auftrag: "Weide meine Lämmer!" Es ist wunderbar, daß Jesus dem Versager seine Liebe nicht versagt!
Wie Petrus - und die anderen Jünger - an Jesus irre geworden war, hätte auch Jesus an Gott irre werden können. Muß man seinen Ruf: "Mein Gott, mein Gott, warum hast du mich verlassen?" nicht so verstehen?
Würde sich dieser Schrei nicht an Gott wenden, so wäre es ein atheistischer, gott-loser Schrei. Aber er ist an Gott gerichtet! Solange Gott gefragt wird, ob er uns verlassen habe, solange hat er uns nicht verlassen. Erst, wenn der Ruf nach Gott verstummt, ergreift uns die Gottverlassenheit. Dieses Fragen nach Gott darf auch die klagende, fast anklagende Form haben, in der deutlich wird, daß wir Gottes Wege nicht verstehen. Aber es muß Frage bleiben!
Wenn wir uns zum Richter über Gott aufschwingen und Gott wie einen Angeklagten verhören wollen, der uns Rede und Antwort zu stehen hat, erst dann wird die "Warum-Frage" anmaßend und widergöttlich.
Jesus schrie seine Frage heraus. Daran kann uns deutlich werden: Jesus hat nicht an einen Gott geglaubt, der auf Kommando herbeieilt, der uns jegliche Bitte zu erfüllen hätte. Ein solcher Gott ist tot. Oder vielmehr: Einen solchen Gott hat es nie gegeben. Jesu Gott und unser Gott ist und bleibt ein rätselhafter Gott, der unsere Fragen und Proteste zuläßt. Wir dürfen wie Jesus es herausschreien, daß wir es nicht verstehen, warum Gott dem nicht ein Ende macht, daß unschuldige Kinder verhungern, daß Menschen ihrer Überzeugung wegen gefoltert werden, daß nicht Friede werden will, daß Gerechtigkeit nur wenigen Menschen widerfährt. Wie Jesus nicht nur das Elend der Welt hinausschrie, sondern auch seine eigene Not klagte, so dürfen auch wir rufen: "Mein Gott, mein Gott!"
Solch ein Rufen in der Anfechtung bleibt ein Bekenntnis zu Gott, denn der Glaubende ruft nicht ins Nichts, sondern er ruft zu Gott. Der sich verlassen fühlt, verläßt sich auf Gott. Er hält daran fest, daß hinter der Wolkenwand die Sonne dennoch scheint, daß trotz allem wütenden Schnauben von Tod und Teufel Gott das letzte, befreiende und erlösende Wort sprechen wird.

SCHULDBELADENE BESCHULDIGEN EINEN SCHULDLOSEN...., ABER DER SCHULDLOSE ENTSCHULDIGT DIE, DIE IHN BESCHULDIGEN.

Jesus wurde vor den Hohen Rat, vor das oberste jüdische Gericht geschleppt und in der Nacht seiner Gefangennahme verhört. Die geistliche Obrigkeit fühlte sich durch Jesus gestört und irritiert. Jesus hatte ihre Autorität in Frage gestellt. Das tut man nicht ungestraft.
Auch hatte Jesus von Gott wie von einem Vater gesprochen. Er hatte die Sabbatgebote relativiert und sich obendrein mit Sündern an einen Tisch gesetzt und gegessen. Mit einem Wort: Jesus war ihnen zum Ärgernis geworden. Er störte ihre Ordnung, auf deren Einhaltung sie so sorgsam bedacht waren. Nun hatte sich die Gelegenheit geboten, ihm das Handwerk zu legen, ehe eine noch größere Volksmenge ihm zuströmte.
Freilich mußten sie ihre Anklage gegen ihn aus den heiligen Schriften begründen. Wo ein Wille ist, jemanden im Namen Gottes zu verurteilen, da findet sich auch ein Weg, eine passende Schriftstelle, aus der man einen Fallstrick drehen kann.
Es ist beängstigend, zu beobachten, wie Schriftgelehrte aller Jahrhunderte sich an die Buchstaben ihres Buches klammern und den Geist zwischen den Buchdeckeln zu bannen versuchen! Was alles wurde im Namen der Heiligen Schrift angestellt: Kreuzzüge und Ketzerverfolgungen, Judenpogrome und Hexenverbrennungen. Immer wieder beschuldigten Schuldbeladene Schuldlose. Die Verurteilung Jesu scheint sich fortzusetzen, denn Jesus hat sich mit den Unschuldigen und Wehrlosen identifiziert. Wo immer Gewalt geübt wird gegen Andersdenkende und Andersgläubige, da wird Christus erneut gekreuzigt.
Dieses kennen wir: Wem Unrecht geschieht, der ist versucht, Gleiches mit Gleichem zurückzuzahlen. Eine verdiente Strafe vermag man anzunehmen, doch ein ungerechtes Urteil empört uns so stark, daß wir selbst anfällig werden gegenüber dem Unrecht. Es gewinnt Macht über uns.

Der große Philosoph Platon überlegte, wie die Gerechtigkeit eines Menschen unter Beweis gestellt werden könnte. Er kam zu dem Ergebnis: Erst dann ist die Gerechtigkeit eines Mannes erwiesen, wenn er sich zu Unrecht mißhandeln läßt. Denn erst dann wird es sich zeigen, ob er sich wehrt und rechtfertigt, um sein Ansehen bei den Menschen zu erhalten, oder ob es ihm allein um die Gerechtigkeit geht. Den wahrhaft gerechten Mann erkennt man, wenn er verfolgt wird.
Jesus schwieg zu dem ungerechten Urteil. Er schlug nicht zurück, als er geschlagen wurde. Er betete sogar noch für seine Peiniger: "Vater, vergib ihnen, denn sie wissen nicht, was sie tun."
Der Schächer am Kreuz hatte seine Schuld eingesehen. Aber die spottende, lästernde Menge wußte nicht, was sie tat. Jesus bat Gott, er möge ihnen vergeben, sie ent-schuldigen. Wußten sie wirklich nicht, was sie taten?
Der aufgebrachten Menge fehlte vielleicht der Durchblick. Sie war dazu erzogen, nur nachzubrüllen, was die Rädelsführer vorbrüllten. Die Massen eines Volkes sind leicht verführbar. Aber hätten sie es nicht besser wissen können?
Die Führer des Volkes wußten, was sie taten. Und Pilatus wußte es auch, daß Jesus ohne Schuld war. Aus Rücksicht auf die jüdischen Führer und aus Angst vor dem aufgebrachten Volk sprach er - wider besseres Wissen - ein Fehlurteil.
Gilt die Vergebung nur denen, die nicht wissen, was sie tun? Hören wir aus diesem Wort Trost für uns selbst?
Es gibt eine Menge Entscheidungen, eine Fülle von Fragen, bei denen wir nicht genau wissen, wie wir uns richtig entscheiden. Ratlosigkeit ist ein Kennzeichen unserer Zeit. Fast scheint es, daß wir in dem Maße ratloser werden, wie unser Wissen zunimmt.
Möge Jesu Gebet auch uns gelten! Denn wie oft sind wir unwissend schuldig geworden an anderen Menschen!

EIN UNSCHULDIGER WURDE ZUR HÖLLE GESCHICKT..., ABER EIN SCHULDIGER BEKAM DEN HIMMEL VERSPROCHEN.

Zu Napoleons Zeiten gab es die Einrichtung des "remplacement", das heißt, wenn jemand zum Kriegsdienst einberufen wurde, konnte er einen Ersatzmann stellen, der an seiner Stelle diente. Der Junge eines reichen Bauern hatte solch einen Ersatzmann für sich gestellt. Und dieser fiel im Kampf in Spanien. Später wollte man jedoch den Bauernsohn erneut zum Krieg einberufen. Er aber berief sich darauf, daß er in jenem Ersatzmann sein Leben bereits fürs Vaterland eingesetzt habe. Der Richter mußte ihm recht geben.
Ist Jesus unser Ersatzmann? Wir sind schuldig, unser Leben zu geben. Er aber ist für uns eingesprungen. Wir sind frei.
Ein Unschuldiger ließ sich zur Hölle schicken, damit jene, die die Hölle verdienten, frei ausgehen. Wer vermag solche Weisheit und Liebe Gottes zu begreifen? Vielleicht sollten wir es gar nicht versuchen, das Kreuzesgeschehen zu begreifen, sondern uns vielmehr von solcher Liebe ergreifen lassen!
Jesus ließ sich sein Kreuz nicht aufbürden, sondern packte es in der Zuversicht auf seine Schultern, daß das Kreuz nur etwas Vorläufiges, dem Eigentlichen Vorauslaufendes ist. Und Ostern hat es dann gezeigt: Das Kreuz wurde "von oben her" durchkreuzt. Das Licht des Ostermorgens überstrahlt die Finsternis des Karfreitags.
Neben Jesus hingen zwei Schwerverbrecher. Der eine lästerte Jesus. Der andere aber bat um Erbarmen. Und zu diesem sprach Jesus: "Wahrlich, ich sage dir, noch heute wirst du mit mir im Paradiese sein!"
Es war schon eine seltsame Verkehrung der Dinge: Den Unschuldigen schickte man zur Hölle, der Schuldlose aber versprach dem Schwerstbeschuldigten das Paradies!
Womit hatte dieser Schwerverbrecher das Paradies verdient? Nur weil er Reue zeigte und einsah, daß er seine Strafe verdient hatte? War das genug? Werden wir unsere Schuld nicht spätestens dann erkennen, wenn wir vor Gottes

Thron stehen und uns die Augen aufgehen über das, was wir getan und unterlassen haben? Ist es dann zu spät?
Ich kann nur hoffen: Wenn Jesus diesem Schwerverbrecher in letzter Minute die Tür zum Paradies öffnete, darf ich dann nicht auch hoffen, daß er mir gnädig sein wird?
Freilich, der Verbrecher hatte die Bitte, Jesus möge sich seiner erbarmen, ausgesprochen. Er hatte allen Stolz, alle Versuche, sich selbst zu rechtfertigen und sich zu entschuldigen, abgelegt. Er hatte sich zu seiner Erlösungsbedürftigkeit bekannt.
Bei Jesus ist Erbarmen zu finden, wenn wir zu ihm flüchten. Dann ist der Ankläger, der uns zu recht verklagen und verurteilt sehen möchte, machtlos.
Stellen wir uns folgende Szene vor: Ein Mann ist auf der Flucht. Die Verfolger jagen ihn, wollen ihn bestrafen. Es ist heiß. Über den Bergen der judäischen Wüste brennt erbarmungslos die Sonne. Wo soll der Fliehende Wasser oder etwas zu essen finden? Wird er sich nicht bald stellen und sich den Verfolgern ausliefern müssen? Sie sind ihm dicht auf den Fersen. Da entdeckt er in einer Talsenke ein Beduinenzelt. Er rennt hin. Er ist erschöpft. Der Beduine bittet ihn in sein Zelt und reicht ihm Brot und Salz. Er gibt ihm zu trinken. Gastfreundschaft ist dem Beduinen heilig. Er weiß, wie unbarmherzig die Wüste sein kann. Dann stehen die Verfolger vor seinem Zelt. Aber sie sind machtlos: Wer die Gastfreundschaft eines Beduinen genießt, steht auch unter dessen Schutz.
Das meinen die Worte: "Du bereitest vor mir einen Tisch im Angesicht meiner Feinde. Du salbest mein Haupt mit Öl und schenkest mir voll ein." Bei Jesus finden wir Schutz und Aufnahme, wenn der Ankläger und unser schlechtes Gewissen uns verfolgen. Wer solche Ent-lastung erfahren hat, wer die befreiende Liebe Christi spürt, der wird dann auch sagen wollen: "Und ich werde bleiben im Hause des Herrn immerdar."

DER NACH LEBEN DÜRSTENDE WURDE FURCHTBAR HINGERICHTET..., ABER SEINE HINRICHTUNG GING IN RICHTUNG AUFERSTEHUNG.

Naturwissenschaftler arbeiten vornehmlich mit Statistiken und beliebig oft wiederholbaren Versuchsanordnungen. Geisteswissenschaftler dagegen arbeiten mit Erfahrungen und Analogien, die sie in Begriffen und Bildern darzustellen versuchen. So wenig sich eine mathematische Formel dazu eignet, die Liebe zweier Menschen umfassend zu beschreiben, so wenig kann man mit poetischen Bildern Sachverhalte in der Natur exakt darlegen.
Wie will man die Unvereinbarkeit von Liebe und Zorn im Herzen Gottes schildern? Und doch müssen wir es versuchen, zusammenzubringen, was uns unvereinbar erscheint.
Im 19. Jahrhundert lebte im Kaukasus ein Fürst namens Schamil. Er regierte ein kleines Bergvolk und galt als unbestechlich, gerecht und klug. Seine Mutter, die ihn auf seinen Kriegszügen begleitete, liebte er innig. Eines Tages wurde Schamil gemeldet, daß wichtige Geheimnisse an den Feind verraten worden seien. Der Täter blieb unentdeckt. Dieser Vorfall wiederholte sich. Schamil verfügte, daß ein solcher Verräter, würde er enttarnt, mit hundert Geißelhieben auf den Rücken bestraft würde. Er wollte dem Verrat aus den eigenen Reihen Einhalt gebieten. Eines Tages wurde ihm die Nachricht überbracht, daß der Verräter entdeckt sei. Es war seine Mutter. Drei Tage lang ging Schamil mit sich zu Rate. Gerechtigkeit und Liebe stritten miteinander in seiner Brust. Sollte man sein Wort weiterhin ernst nehmen, mußte er dem Recht Genüge tun. Schließlich führte man seine Mutter gefesselt vor, um die Strafe an ihr zu vollziehen. Als sich eine Hand zum ersten Schlag erhob, sprang Schamil vor, legte seinen Mantel ab und sprach: "Schlagt mich! Ich trage ihre Strafe!" So tat er, was Gerechtigkeit und Liebe zugleich verlangten.
Gerechtigkeit verlangt nach Sühne. Liebe aber fordert die Vergebung. In der Stellvertretung Jesu am Kreuz ist beides vereint. Der Richter verzichtet nicht auf das Urteil, aber die Strafe nimmt er auf seine eigenen Schultern. Und so

erweist sich, daß die Liebe Gottes stärker ist als sein Zorn. Daß die Entscheidung zugunsten der Liebe nicht leicht gefallen ist, läßt das Zwiegespräch Jesu mit dem Vater im Garten Gethsemane erkennen. Was sich im Herzen Gottes abspielte, wird in diesem Ringen Jesu mit dem Vater deutlich. Jesus betete inständig, der Kelch des Leidens möge an ihm vorübergehen. Stellvertretung im Leiden fiel auch Jesus nicht leicht. Aber er willigte um der Liebe willen ein.
Auch der Ruf am Kreuz "Mich dürstet!" zeigt, daß es echtes Leiden war. Dieser Ruf war doch mehr, als nur der Ruf nach Wasser. Es war der Sehnsuchtsschrei nach Geborgenheit, nach Frieden und Freiheit.
Mit ausgebreiteten Armen am Kreuz in den Wind gestellt werden und den gaffenden Blicken nackt ausgeliefert sein - das ist alles andere als Geborgenheit. Die umhüllende, bergende Liebe wurde ihm entzogen. Er wurde ausgestreckt, festgenagelt, preisgegeben.
An Händen und Füßen ans Kreuz geheftet werden, sich nicht rühren, nicht einmal die Faust ballen können - das ist alles andere als Freiheit.
Verlacht und verspottet, gelästert und verhöhnt werden, die Wellen des Hasses und der Ablehnung bis in die Stunde des Sterbens zu spüren bekommen - das ist alles andere als Friede. Das war Friedlosigkeit, Ausgestoßensein.
Jesu Tod war ein wirkliches Opfer, kein Scheingefecht. Jesus stiftete unter Schmerzen die Versöhnung mit Gott. Jesu Hin-richtung ging in Richtung Auferstehung. Sie hatte die Überwindung von Sünde und Tod zum Ziel.

ZWEI KURZANDACHTEN

KREUZE

An Kreuzen fehlt es nicht: Wegkreuzungen, Autobahnkreuz, das Kreuz auf dem Berggipfel, an Halsketten, als Orden oder das Kreuz in der Zimmerecke und auf dem Kirchturm. Es begegnet uns überall. Es ist uns so nahe, daß es deswegen schon wieder fern ist. Wir vergessen schnell, daß das Kreuz ein Marterpfahl war. Wir mögen das Schreckliche nicht sehen. Darum verzieren wir die Kreuze. Wir weichen der Realität aus.
Wenn jemand stirbt, so schiebt man ihn in ein Einzelzimmer oder holt einen Wandschirm herbei. Die Qual des Sterbens soll verborgen bleiben. Am Kreuz von Golgatha starb Jesus aber in aller Öffentlichkeit. Spottend stand die Menge dabei. Einige blieben unberührt, andere waren innerlich erschrocken.
Wohin wir schauen in die Völkerwelt, überall finden wir Religionen und Riten, bei denen Menschen den Preis zahlen, wo sie etwas opfern, um die Freundschaft der Götter zu erlangen. Auf Golgatha geschah das Gegenteil: Gott bezahlte den Preis für die Versöhnung mit den Menschen. Darüber kann man den Kopf schütteln oder es sich gesagt sein lassen.
Ein Künstler, Willy Fries, malte 1945 die Kreuzigung. Er übertrug sie in die Gegenwart. Jerusalem gleicht einem hessischen Dorf, die Soldaten tragen den deutschen Stahlhelm, und unter dem Volk, das das "Kreuzige ihn!" schreit, sieht man einen katholischen Bischof und einen evangelischen Pfarrer im Talar und mit der Bibel unter dem Arm.
Jesus - so will der Künstler sagen - wird auch heute noch gekreuzigt. Die Hölle, die man ihm damals bereitete, ist die gleiche Hölle wie die, die wir anderswo nur in anderer Gestalt wiederfinden. Die Liebe Gottes wurde nicht nur am Karfreitag mit Füßen getreten. Der Ort, wo man von Gottes Liebe nichts wissen will - also die Hölle -, findet sich auf den Krisenschauplätzen der Welt genauso, wie in jenen Familien, wo man sich das Leben zur Hölle macht.
Jesus wird auch unsere Hölle überwinden!

SCHWEIGEN ODER SCHREIEN ?

Wenn ich Menschen begegne, die von großem Leid getroffen wurden, so weiß ich oft nicht, was ich sagen soll. Und das ist vielleicht gut so. Zu schnelle Worte, zu laute Töne stoßen den Leidenden nur zurück und erreichen ihn nicht. Man muß die Stille aushalten lernen, sich in das Leid des anderen hineinhören, schweigend in die Tiefe hineinschauen, in die er gefallen ist.
Mir fällt es deshalb schwer, am Karfreitag zu predigen. Soll man das Kreuz mit seiner Grausamkeit schildern? Müßten wir nicht vielmehr stumm vor dem Kreuz sitzen und jeder für sich die Trauerarbeit leisten, die es hier zu leisten gilt? Die Evangelisten berichten, daß Jesus mit einem lauten Aufschrei "Es ist vollbracht!" gestorben sei. Das ist für eine Kreuzigung ungewöhnlich. Normalerweise pflegt der Tod durch Erschöpfung einzutreten. Ein Aufschrei ist nicht mehr möglich. Aber vielleicht wollten die Evangelisten nur zum Ausdruck bringen: Alle Welt soll es hören: das Heilswerk ist zur Vollendung gekommen. Die Versöhnung Gottes mit den Menschen ist vollzogen. Jesus hat die Liebe bis zum bitteren Ende durchgehalten. Der Satan hat nun ausgespielt und sein Anrecht auf uns verloren. Er kann uns nicht mehr länger von Gott trennen. Der Tod ist gestorben.
Nun können wir sagen: "Uns allen blüht der Tod!" Er blüht uns wie eine Strafe. Wir haben sie verdient. Deswegen müssen wir durch den Tod hindurch. Aber: hindurch und nicht darin steckenbleiben! Uns blüht der Tod. Er welkt uns nicht, sondern blüht wie eine verheißungsvolle Knospe. Neues, wunderbares Leben wird erahnbar. Christus hat es vollbracht, daß unser Leben nicht dahinwelkt und ins Nichts versinkt, sondern daß uns nach dem Karfreitag des Leidens der Ostermorgen des neuen Lebens erwartet, daß uns der Tod erblühen muß.

PASSIONSPREDIGTEN

VERSÖHNUNG MIT GOTT

Karfreitag ist in manchen Gegenden der Feiertag mit den höchsten Gottesdienstbesucherzahlen. Neben Weihnachten zählt er zu den wichtigsten Feiertagen des Jahres. Doch von den anderen Feiertagen unterscheidet sich der Karfreitag dadurch, daß es fast kein religiöses Brauchtum an ihm gibt. Karfreitag als Feiertag macht uns ratlos. Wie soll man auch ein solch grausames Geschehen feiern?
Und so ist es auch nicht verwunderlich, daß wir das Kreuz seiner Grausamkeit berauben, es verzieren und sogar als Schmuck um den Hals tragen. Dagegen läßt sich auch nichts sagen, denn ist das Kreuz nicht zugleich das Siegeszeichen von Ostern? Deshalb nur stellen wir auf unsere Gräber ein Kreuz, weil es nicht so sehr den Tod, sondern vielmehr die Auferstehungshoffnung signalisieren soll.
In unserem Sprachgebrauch jedoch klingt "Kreuz" meistens nach Schwäche, Unterwürfigkeit und Untergang. Wir sagen "Jemand muß zu Kreuze kriechen" oder "Jemand wird aufs Kreuz gelegt". Das Kreuz gilt als Schande. Und so rief die Volksmenge Jesus zu: "Steig herab vom Kreuz, so wollen wir dir glauben!" Sie forderten die Überwindung der Schande. Sie empfanden es als eine Zumutung, einen als Heiland anerkennen zu sollen, der so erbarmungswürdig am Kreuz hing.
Ein Kind - etwa zehnjährig - kommt zum erstenmal in eine Kirche und sieht einen Kruzifixus. Es fragt: "Mutti, was macht der denn da? Wer ist das?" Wie sollte die Mutter nun antworten? Wie hätten Sie geantwortet? Wie soll man einem Kind klarmachen, daß und warum Jesus so sterben mußte? Gab es für Gott keinen anderen Weg, uns zu erlösen? Und ehe wir von Erlösung sprechen, müßten wir nicht zuvor von der Gebundenheit reden? Wieso bedürfen wir einer Erlösung, wenn wir uns gar nicht als erlösungsbedürftig betrachten? Wozu brauchen wir einen Heiland, wenn wir uns als heil und nicht als heillos, krank oder gebunden empfinden? Wir müssen also erst einmal davon reden, wie Gott uns Menschen gedacht und wozu er uns bestimmt hatte und wie wir dieser unserer Bestimmung ganz und gar nicht gerecht werden. Aber selbst, wenn wir so selbstkritisch mit uns selbst ins Gericht gingen und einsähen, daß

wir nicht so leben, wie Gott es von uns erwarten könnte, selbst dann ist noch nicht einsichtig, warum für unsere Schuld ein Schuldloser leiden mußte. Das ist nicht einsehbar. Das ist nur annehmbar. Daß uns vergeben wird, ist keineswegs eine logische Folgerung aus irgendwelchen Gegebenheiten. Vergebung ist und bleibt immer reines Geschenk, von nichts ableitbar, nur als Liebe er-greifbar.

Wir haben sicher schon einmal Versöhnung erlebt oder auch gewährt. Da war das Verhältnis zweier Menschen gestört, das Gespräch abgerissen, die Gefühle füreinander abgestumpft. Man hatte sich ent-zweit. Die Einheit war gewichen und hatte der Entzweiung Platz gemacht. Man ging getrennte Wege. Trennung von Gott nennen wir Sünde. Und dann bedarf es der Versöhnung, der Wiederherstellung der Einheit, des Brückenschlags.

Wir müssen uns fragen: Bin ich mit Gott eins? Steht etwas zwischen ihm und mir? Gibt es etwas, was ich vor ihm verbergen möchte? Habe ich etwas getan, was wie ein Graben zwischen Gott und mir wirkt?

In der Passionszeit gedenken wir nicht nur des Leidens Jesu, sondern wir fragen auch nach der Ursache seines Leidens:

> Nun, was du, Herr, erduldet,
> ist alles meine Last.
> Ich hab' es selbst verschuldet,
> was du getragen hast.

Da mögen uns viele Sünden "in Gedanken, Worten und Werken" einfallen. Hinzu kommen noch die vielen guten Taten, die wir hätten tun sollen, haben sie aber unterlassen, weil wir zu bequem, zu herzensträge oder zu sehr mit uns selbst beschäftigt waren. Wenn wir uns nur kritisch genug betrachten, werden wir den tiefen Graben bemerken, den wir durch unser Tun und Lassen zwischen Gott und uns schaufeln. Wir brauchen den Brückenschlag, die Versöhnung.

Und das Erstaunliche: Dieser Brückenschlag geht von Gott aus. Die Versöhnung ist nicht etwas, was wir herzustellen hätten. Es heißt nicht: "Versöhnt euch mit Gott, redet Gott gut zu, bettelt um Vergebung, macht ihm gute Worte, gebt ihm großartige Versprechen." Nein, hier ist von keinem Müssen und Sollen die Rede, sondern von einer Einladung: "Lasset euch versöhnen mit Gott!"

Wir werden sogar gebeten, zur Versöhnung bereit zu sein. Gott selbst will die Versöhnung vornehmen. Aber nicht gegen unseren Willen. Es wird keiner an den Haaren in den Himmel gezerrt - wie ein russisches Sprichwort es drastisch ausdrückt. Gott geht auf uns zu. Er bietet uns die Einheit mit ihm an. Aber er zwingt sie uns nicht auf. Ob wir unseren Schatten loswerden wollen, das liegt bei uns.
Mancher hat es schon versucht, auf eigene Faust seinen Schatten, seine dunkle Seite abzuschütteln. Vergeblich. Unser Schatten begleitet uns, selbst wenn wir schnell rennen. Er bleibt uns auf den Fersen.
Wie aber gibt es Rettung? Zuerst müssen wir die Größe unserer Schuld erkennen. Wenn wir uns dem Licht Jesu aussetzen, uns an ihm und seiner Liebe und Gottverbundenheit messen, merken wir, wie unendlich groß und schwarz unser Schatten ist. Aber dann dürfen wir auch den nächsten Schritt tun, uns unter das Kreuz Jesu stellen. Dort nämlich deckt das Kreuz unseren Schatten ab. Unser Getrenntsein von Gott wird durch Jesu Liebe aufgehoben. Aber nur hier unter seinem Kreuz.

LEIDEN

Wenn wir vom Leiden sprechen, denken wir meistens zuerst an Leid, das uns zugefügt wird. Hat aber nicht viel Leid in uns selbst seine Wurzel?
Da leidet einer darunter, daß er zu langsam ist. Wenn er gefragt wird, braucht er eine gewisse Zeit, ehe er antworten kann. Er macht alles ruhig und bedächtig. Es ärgert ihn, wenn andere ihm immer einige Sekunden voraus sind.
Ein anderer leidet darunter, daß ihn die geringste Kleinigkeit an anderen Menschen ärgern kann. Er möchte gern großzügiger sein und etwas übersehen können. Aber er schafft es nicht.
Wir können uns manchmal selbst nicht leiden. Unsere Art oder unser Temperament macht uns zu schaffen.
Manches Leid in der Welt ist schon halb überwunden, wenn wir es annehmen, wenn wir sagen: "So ist es eben. Ich kann es nicht ändern."

Damit will ich niemanden auffordern, alle Bemühungen, etwas zu bessern, einzustellen. Aber was wir nicht ändern können, das sollten wir auch annehmen, wie es ist. Vor dem Spiegel sollten wir zu uns selbst sagen: "Das bin ich. Ich bin nicht so schön oder so stark oder so schlau oder so musikalisch oder sportlich, wie ich sein möchte. Ich höre jetzt auf, darüber zu jammern und traurig zu sein. Ich bin ich und nicht ein anderer. Ich nehme mich an, wie ich bin."
Manchmal leiden wir unter anderen Menschen. Sie drängen sich vor, lassen uns nicht zur Geltung kommen, sind rücksichtslos oder schauen auf uns herab. Wir tun uns schwer mit ihnen. Wenn wir versuchen, solche Menschen zu ändern, wird unser Verhältnis zu ihnen meistens noch schlechter. Böse Gedanken schleichen sich ein. Die Atmosphäre wird vergiftet. Wäre dann nicht viel gewonnen, wenn wir sagten: "Ich nehme dich an, so wie du bist"? Wenn wir uns gegenseitig gelten lassen und nicht einen anderen Menschen aus dem anderen machen wollen, dann wird manches leichter. Das Leiden an sich und anderen wird dann noch viel größer, wenn wir nicht darauf verzichten können, Vergangenes immer wieder aufzufrischen. Sich daran erinnern, was man einmal falsch gemacht hat, ist dann nicht verkehrt, wenn wir daraus eine Lehre ziehen. Aber falsch wird solches Erinnern, wenn es uns oder andere nur belastet und entmutigt.
Mir erzählte jemand, daß er an jedem Geburtstag auf eine Brücke geht und auf den Fluß schaut. Ich fragte ihn, warum er das mache. Er antwortete: "Zuerst schaue ich von der Brücke aus in die Richtung, aus der der Fluß kommt. Ich schaue auf das Wasser und denke: So sind die Tage des vergangenen Jahres - verflosen, vorbei. Sie kommen nicht wieder. Es ist töricht, den gewesenen Tagen nachzutrauern. Und dann gehe ich auf die andere Brückenseite und schaue in die Richtung, in die der Fluß fließt. Ich denke: Was werden die herankommenden Tage noch bringen? Manches Schöne, manches Schwere auch. Jedenfalls darf ich gespannt sein, was Gott für mich noch bereithalten wird in den nächsten Tagen, Monaten und Jahren."
Sollten wir es mit unserem Leiden an uns selbst und an anderen nicht ähnlich machen? Lassen wir Vergangenes vergangen sein. Lassen wir uns stärken für das Kommende!

Ehe wir das Abendmahl miteinander feiern und uns des Leidens Jesu erinnern, wird die Gemeinde aufgefordert: "Der Friede des Herrn sei mit euch allen. Keiner sei wider den anderen, keiner ein Heuchler; vergebet, wie euch vergeben ist; nehmet einander an, wie Christus euch angenommen hat zum Lobe Gottes."
Jeder Abendmahlsgottesdienst ist ein kleines Friedensfest, eine Versöhnungsfeier mit Gott und untereinander. Wer vermag zu ermessen, wie groß der Beitrag zum Frieden sein mag, der in den Gottesdiensten geschieht?
Der österreichische Dichter Karl Heinrich Waggerl hat einmal gesagt: "Wer seinen Nächsten verurteilt, kann irren. Wer ihm verzeiht, irrt nie."

STATIONEN DES LEIDENS

(KREUZWEG)

(Dazu könnten Dias von Kreuzwegstationen eingesetzt werden)

Einzug in Jerusalem
"Hosianna" haben sie gerufen. Mit Palmwedeln wurdest du, Herr, begrüßt. Ihre Kleider breiteten sie vor dir aus wie einen roten Teppich. Und du hast gewußt, daß du ihre Erwartungen nicht erfüllen würdest. Du kamst nicht mit Dienern und Soldaten im Gefolge und hattest auch keine Geheimpläne, wie die Römer aus dem Land zu vertreiben wären. Du wurdest verkannt, als du als Friedefürst in Jerusalem einzogst. Du wußtest es im voraus, wie schnell aus dem Jubel das Haßgeschrei werden würde.
Verkannt werden tut weh. Falsche Hoffnungen enttäuschen müssen ist nicht angenehm. Doch am schlimmsten war wohl: du mußtest erkennen, daß sie dich noch immer nicht verstanden hatten mit deiner Botschaft von der Liebe, die auch die Feinde umfaßt. Du hast dich ihren Erwartungen nicht angepaßt, um den Umschlag ihrer Liebe in Haß abzuwenden. Du bist dir treu geblieben. Herr, laß mich an dei-

nen Einzug in Jerusalem denken, wenn ich in Versuchung gerate, vom richtigen Weg abzukommen oder wenn ich verkannt werden sollte.

Fußwaschung
Herr, du hast gesagt: "Wer mein Jünger sein will, der nehme täglich sein Kreuz auf sich und folge mir nach". Du hast deinen Jüngern die Füße gewaschen. Du warst dir nicht zu gut, ihren Schmutz wegzunehmen.
Herr, ich möchte deinen Spuren nachgehen und dir im Geist auf deinem Leidensweg folgen. Laß in mir lebendig werden, was du für mich getan hast. Tu meine Augen auf, rühr mein Herz an, damit ich sehe und spüre, wie groß deine Liebe zu mir ist. Dadurch laß mich Kraft gewinnen, mein Kreuz dir nachzutragen. Mach mich stark und treu.

Abendmahl
Herr, der Satan hatte dich versucht, aus den Steinen der Wüste Brot zu machen, um alle Hungrigen in deinen Bann schlagen und abhängig machen zu können. Du aber hast ihn abgewiesen mit seinem Ansinnen. Du selbst bist zum Brot geworden. Du teilst dich heute noch im Abendmahl aus. Wer das Leben sucht, muß dich suchen. Aus Steinen wird kein Brot. Vielmehr kann Wohlstand Leben töten und den Blick auf dich verstellen.
Du bist das Brot des Lebens. Aus der Speisung der Fünftausend ist die Speisung der Milliarden geworden. Wer die Hände ausstreckt und den Mund öffnet, um Anteil zu gewinnen an deinem Sterben, an deinem Leib und Blut, der wird auch deine Auferstehung schmecken, dich lebendig erfahren hier und jetzt. Herr, gib diese Offenheit, dir in Brot und Wein zu begegnen. Laß mich schmecken und sehen, wie freundlich du bist.

Gefangennahme
Herr, Einsamkeit und Verrat blieben dir nicht fremd. Die Müdigkeit der engsten Freunde machte dich traurig. Die Dunkelheit im Garten Gethsemane entsprach der Finsternis in deinem Inneren. Du hast den Leidenskelch angenommen und hast die Flucht nicht ergriffen. Du hattest sogar die Größe, den Verräter Judas als Freund anzureden und den

Hohn seines Kusses zu erdulden. Du ließest dich fesseln und abführen und schautest zu, wie deine Jünger das Weite suchten.
Herr, ich wage es nicht, um diese Glaubensstärke zu bitten, wenn ich einmal in solche Finsternis geführt werden sollte. Zu gut kenne ich meinen Kleinglauben. Um so herzlicher bitte ich dich: Gib mir dann die Geborgenheit des Glaubens, daß ich sprechen kann: "Herr, dein Wille geschehe!". Hilf mir, auf dich zu schauen und zu vertrauen, daß deine Wege mit mir nicht im Finstern enden werden.

Vor dem Hohen Rat
Du bist vorausgegangen, Herr. Du hast schweigend angehört, wie man dich zu Unrecht der Gotteslästerung bezichtigte. Nicht du wurdest beschämt, sondern die dich anklagten, hätten sich schämen müssen. Der du für jeden ein freundliches Wort hattest, mußtest dir Beschimpfungen und Demütigungen anhören.
Herr, wenn ich Befehle oder Tadel in hartem Ton höre, so zeige mir, was daran berechtigt ist, und laß mich das Unrecht darüber vergessen. Wenn mir eine Pflicht unerträglich erscheint, dann gib mir Kraft, daß ich mich in das Unabänderliche schicke. Trifft mich offene Ungerechtigkeit, so hilf mir, daß ich dann meine Rechtfertigung dir überlassen kann.

Vor Pilatus
Herr, es war Hohn und Spott, als Pilatus schrieb, du wärest der König der Juden. Und doch hat er die Wahrheit geschrieben. Als du unter dem Kreuz zu Boden fielst, zwang man Simon von Cyrene, dein Kreuz zu schleppen.
Auch mir kann es einmal so ergehen, daß mir das Kreuz zu schwer wird, daß ich meine, meine Kräfte würden versagen. Durch die Kraft deiner Liebe und Geduld hilf mir in solchen Stunden, daß ich nicht verzage. Du weißt, wie schwer ein Kreuz drücken kann. Du verdenkst es mir nicht, wenn ich erlahme. Hilf mir, wieder aufzustehen. Erneuere mich in der Geduld, stärke meine Zuversicht.

Jesus trägt das Kreuz
Herr, du hast das Kreuz angepackt. Ich weiß: Es ist zweierlei, in guter Stunde zu sagen: "Ich bin bereit zu dem, was Gott will" und das Kreuz zu tragen, wenn die Stunde da ist. Hilf mir, Herr, wirklich fest zu stehen, wenn es gilt. Vielleicht ist mein Kreuz schon nahe. Laß mich dann nicht ausweichen, sondern stets daran festhalten, daß denen, die dich lieben, alle Dinge zum Besten dienen müssen. Schenke mir solches Vertrauen zu deiner Führung, damit ich über den Karfreitag meines Lebens hinausschaue auf den Ostermorgen.

Kreuzigung
Herr, sie haben dich gegeißelt, verhöhnt und verspottet. Du hast so vielen Menschen geholfen, aber nun sind alle gegen dich. Selbst deine besten Freunde haben dich verlassen. Unbeweglich, festgenagelt mußt du dem Tod entgegenwarten.
Herr, gib mir offene Augen für Leidende. Laß mich wie Simon von Cyrene zupacken, daß ich Leid mildere. Wie oft sieht sich ein Bedrängter von Gott verlassen, nur weil ich ihn im Stich lasse.
Und wenn ich selbst Leid erfahren muß, mich unverstanden und einsam fühle, dann laß mich auf dich schauen, damit ich aus deinem Leiden die Kraft gewinne, die ich brauche.

"Es ist vollbracht!"
Herr, für jeden kommt einmal die Stunde, da er nichts mehr tun kann. Er kann seine Ehre nicht retten, seine Schmerzen nicht lindern. Auch der Arzt kann nichts mehr ausrichten. Das Ende kommt auf uns zu. Dann ist jeder angenagelt und kann sich nicht helfen. Er kann nur eines: Herz und Willen sammeln und sich dir anbefehlen. Sich fest, ganz fest am Willen des Vaters festhalten und stille ausharren.
Herr, wenn meine Stunde kommt, dann sei du bei mir!
"Wenn ich einmal soll scheiden, so scheide nicht von mir. Wenn ich den Tod soll leiden, so tritt du dann herfür. Wenn mir am allerbängsten wird um das Herze sein, so reiß mich aus den Ängsten kraft deiner Angst und Pein" (EKG 63,9).

FAMILIENGOTTESDIENSTE

ZUR PASSION

SYMBOLE DES LEIDENS

(Hilfsmittel: Auf einem Flanelltuch werden die Marterwerkzeuge und andere Symbole nacheinander angehängt. Oder: Die Symbole werden mit Wachsstiften auf einzelne Plakate gemalt, die von Kindern jeweils hochgehalten werden.)

In der Passionszeit denken wir in besonderer Weise an das Leiden unseres Herrn Jesus. Dabei erinnern wir uns aber nicht nur an das, was vor fast zweitausend Jahren geschehen ist. Wir denken auch darüber nach, wie Jesus heute noch unter unserer Sünde leidet. Wo Menschen leiden, da leidet Jesus.

Kreuz
Jesus wurde gekreuzigt. Daß es dazu kommen würde, damit hatten seine Jünger nicht gerechnet. Ihre Pläne und Hoffnungen wurden durchkreuzt. Jesus ließ sich nicht als König ausrufen. Er jagte die Römer nicht aus dem Land und ließ seine Gegner nicht vor ihm zu Kreuze kriechen. Sie mußten nicht vor ihm buckeln. Er vielmehr beugte seinen Rücken und nahm das Kreuz, ihre Sünden, auf seinen Buckel.
Dieses Kreuz ist der Inbegriff des Bösen schlechthin. Es traf den, der nichts Böses getan hatte. Müssen wir uns nicht sehr ernsthaft fragen: Lassen wir jemanden zu Unrecht leiden? Sind wir ihm ein Kreuz? Legen wir jemanden aufs Kreuz und machen ihn fertig? Eltern und Lehrer machen es Kindern manchmal schwer, fröhlich zu sein. Und Kinder wiederum können Eltern und Lehrer nerven, daß ihnen der Unterricht und die Erziehung zum Kreuz wird.
Jeder hat sein Kreuz zu tragen. Aber wenn wir genau hinsehen, so sind es meistens wir selbst, die anderen zum Kreuz, zur Belastung werden, sie belästigen.

Geißel
Jesus wurde ausgepeitscht, gegeißelt. "Nieder mit ihm!" - so rief das Volk. Und dann sausten die Peitschenhiebe auf ihn herab. Sie wollten ihn niedermachen.
Statt jemanden aufzurichten, verhalten wir uns oft so, daß der andere am Boden zerstört ist. Tausendfach geschieht dies täglich. Wir benötigen dazu keine richtigen Peitschen. Verletzende, niederschmetternde Worte tun es auch. So wird jemand kurz und klein gemacht. Ein Hieb nach dem anderen wird ihm versetzt. Viele Demütigungen muß er einstecken.
Jesus bekommt auch heute noch Schläge. Wo Menschen sich gegenseitig Grausamkeiten zufügen, da leidet Jesus mit.

Dornenkrone
Die Soldaten trieben ihren Spott mit Jesus. Sie setzten ihm eine Krone aus Dornen auf den Kopf und schlugen ihn. Wie kleine Speere drangen die Dornen in seine Haut. Jesus, der niemandem etwas Böses zufügte, bekommt zu spüren: Wer liebt, erntet nicht immer Gegenliebe. Sich für andere einsetzen kann dornig sein.
Wir selbst sind es, die die Dornen vermehren. Dort läßt einer eine "spitze Bemerkung" über einen anderen fallen. Hier treibt einer mit einem anderen Hohn und Spott. "Jemandem ein Dorn im Auge sein" - "Jemanden sticheln und piesacken" - "Jemandem das Leben sauer machen, daß es aussieht, als gäbe es für ihn nur Disteln und Dornen auf der Welt" - "Jemandem die Ehre verweigern und ihn der Lächerlichkeit preisgeben." Ist uns das alles so fremd? Setzen wir nicht anderen - und damit Jesus - immer wieder eine Dornenkrone auf?

Hemd
Jesus wurde nackt ans Kreuz gehängt. Man nahm ihm die Kleider ab. Den gaffenden Blicken wurde er ausgesetzt, der Neugier preisgegeben, der Ehre beraubt. Bloßgestellt.
Er aber hat die menschlichen Schwächen mit Erbarmen und Güte umhüllt. Jemanden auslachen und blamieren - wie leicht lassen wir uns dazu verführen!

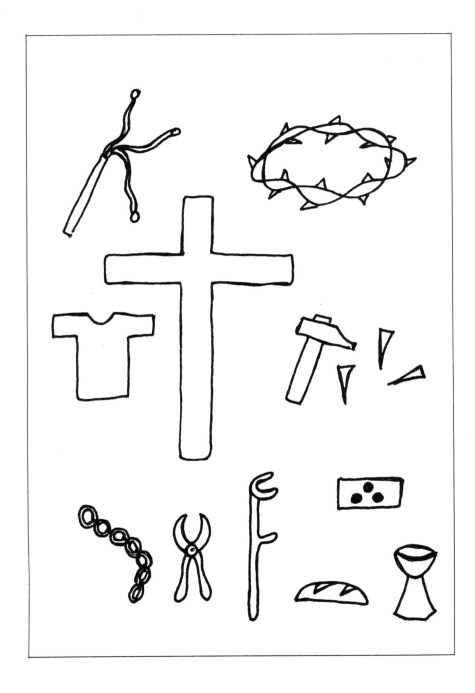

Hammer und Nägel

Jesus wurde ans Kreuz genagelt. Wehrlos, bewegungslos mußte er seinem Tod entgegenwarten. Er konnte sich nicht mehr rühren oder entfliehen. Jetzt hatte er nur noch bei Gott eine Zukunft. Die aber hatte er.
Jemanden festnageln, behaften, ihn festlegen auf ein Wort - wie oft tun wir das! Wie schnell wird jemand auf seine Schuld festgelegt, ihm Fehler immer wieder vorgehalten.
Ob ich den Nagel auf den Kopf treffe oder jemanden mit bösen Blicken durchbohre, es geht jedesmal darum, die schwache Stelle an ihm zu finden. Man will ihn treffen, ihn unter den Hammer kriegen, die Nagelprobe mit ihm machen.
Wenn wir im Glaubensbekenntnis sagen: "...gelitten unter Pontius Pilatus", so müßten wir ehrlicherweise ergänzen: "...und gelitten unter meiner Sünde". Würden wir nicht sündigen, so hätte Jesus nicht so furchtbar leiden müssen. Wir sind einfach nicht in Ordnung, nicht heil. Wir brauchen darum den Heiland.

Fesseln

Wir sind gebunden und gefesselt an das Böse. Wir kommen nur schwer oder gar nicht los von Gemeinheit und Niedertracht.

Beißzange

Wir brauchen den Heilmacher, der uns unsere Nägel herauszieht - die Nägel, die wir schlagen, und jene, unter denen wir leiden.

Krücke

Wir brauchen einen, der uns Krücken reicht, der uns hilft, aufrecht zu gehen. Wir brauchen Jesus, der uns stützt und uns Halt gibt. Unsere Versuche, so zu leben, wie es Gott gefällt, sind oft nur "lahme" Versuche. Als wären wir amputiert und gehbehindert, so kümmerlich sind unsere Gehversuche auf dem Weg der Liebe und Nachfolge. Unsere Liebe humpelt. Sie schleppt sich nur so dahin.

Blindenbinde
Wir brauchen den Heiland, der uns die Augen öffnet, damit wir sehen lernen, wo Menschen auf unsere Liebe warten.

Brot und Wein
Wir brauchen den Heiland, der uns durch seine Liebe stark macht, unsern Weg tapfer weiterzugehen, wenn uns unser Kreuz drückt. Unser Hunger nach Liebe, unser Durst nach einer menschlicheren Welt ist groß. Wir brauchen den Heiland, der das ändern kann, was uns nicht gelingen will.
Gott kann aus dem Minuszeichen ein Pluszeichen machen, das Negative ins Positive wenden. Gott durchkreuzt die Absicht des Todes, die Welt zu beherrschen. Gott durchkreuzt die Pläne des Teufels. Er antwortet auf den Haß der Menschen nicht mit Haß und Strafe, sondern mit seiner unendlichen Liebe. Er holt Jesus aus dem Tod heraus ins Leben. Jesu Hinrichtung führt in Richtung Auferstehung und ewiges Leben.
Beim Abendmahl dürfen wir den Auferstandenen in Brot und Wein unter uns wissen. Einem jeden von uns bietet er seine Liebe an. "Nehmt und eßt, schmeckt und seht, wie freundlich der Herr ist. Wohl dem, der auf ihn traut!"
Deshalb können wir das Abendmahlsbrot "Für-euch-Brot" und den Wein "Für-euch-Wein" nennen. Gott ist für uns. Und wenn er für uns ist, dann kann uns nichts von seiner Liebe trennen. Wenn er auf unserer Seite steht, dann vermag uns niemand - also auch nicht der Tod oder die Sünde - aus seiner Hand zu reißen. Bei unserer Taufe hat Gott die Hand auf uns gelegt und gesagt: "Du bist mein"! Das gilt bis in alle Ewigkeit.

WIR GEHEN JESU WEG NACH

(Hilfsmittel: Auf einer Tapetenrolle oder einzelnen Plakatkartons werden die Szenen aufgemalt und zu der Erzählung vorgezeigt. Eventuell sind auch Dias einsetzbar.)

Wir wollen den Weg Jesu zum Kreuz nachgehen und dabei nachempfinden, was Jesus gefühlt haben mag. Manches von dem, was Jesus erlebte, können wir auch heute erleben. Ob wir dann den Weg auch so getrost gehen, wie er ihn ging?

Gethsemane

Jesus liegt auf den Knien. Er ist müde. Ob er nicht mehr weiter weiß? Um ihn ist alles dunkel und still. Es ist Nacht. Jesus will allein sein. Er sucht die Stille, weil er mit Gott reden will. Da soll ihn nichts ablenken. Was hat Jesus mit Gott zu besprechen? Jesus weiß, daß einer seiner Jünger, der Judas, ihn verraten wird.

Während Jesus im Garten Gethsemane betet, machen sich Soldaten auf, um Jesus gefangenzunehmen. Jesus betet: "Lieber himmlischer Vater, mir ist angst vor dem, was nun kommt. Aber wenn du meinst, das muß sein, so will ich nicht davonlaufen. Ich will den Weg gehen, den du mich führst."

Geht es uns auch manchmal so, daß wir uns einsam und verlassen fühlen, daß uns angst und bange ist? Beten wir dann zu Gott? Erfahren wir dann, daß Gott bei uns ist und uns nicht verlassen wird, auch wenn Schweres vor uns liegt?

Gefangennahme

Jesus hat sein Gebet beendet. Er hat "Amen" gesagt, und das heißt: "Ja, es geschehe so, wie du, lieber Gott, es willst." Und dann hört er schon das Klirren der Schwerter und Lanzen. Er sieht den Lichtschein der Fackeln durch die Bäume näherkommen. Einer der Soldaten hat einen Strick in den Händen. Der wird ihn fesseln. Soll er weglaufen? Nein. Jesus flieht nicht. Er weiß: Gott ist mit mir, auch wenn sie mich nun abführen werden wie einen Dieb oder Mörder. Judas faßt Jesus am Arm und gibt ihm einen Kuß. So hat er es mit diesen Soldaten verabredet: "Den ich küssen werde, der ist es, den nehmt fest!" Das ist gemein. Ein Kuß ist doch das Zeichen, daß man sich mag, daß man dem anderen gut ist. Und ausgerechnet dieses Zeichen benutzt Judas, um Jesus zu verraten! Jesus aber wird nicht zornig. Er läßt sich fesseln.
Und wo sind die anderen Jünger? Sie haben Angst bekommen. Sie laufen davon und bringen sich in Sicherheit.

Vor dem Hohen Rat

Sie bringen Jesus vor den Hohenpriester Kaiphas. Bei ihm sind kluge Männer, der Hohe Rat, die höchsten Richter. Sie stellen Jesus Fragen. "Du meinst, besser über Gott Bescheid zu wissen als wir, die wir die heiligen Schriften studiert haben. Wir werden es dir zeigen, wer Gott besser kennt. In Gottes Namen werden wir dich zum Schweigen bringen." So etwa sagen sie.
Jesus fragt zurück: "Wieso ist das Unrecht, wenn ich den Menschen gepredigt habe, daß Gott sie lieb hat? Und ich habe das nicht nur gesagt. Ich habe es die Menschen auch spüren lassen. Ich habe mit ihnen gegessen, mir ihren Kum-

mer angehört, sie getröstet und Kranke geheilt. Das alles habe ich im Auftrage Gottes getan." Jetzt werden die Männer des Hohen Rates zornig und rufen: "Dieser Jesus muß weg. Er soll sterben, denn er lästert Gott!"

Vor Pilatus
Als die Nacht vorüber ist, wird Jesus zu Pilatus, dem obersten Richter der Römer gebracht, denn nur er durfte jemanden zum Tode verurteilen.
Pilatus fragt Jesus, was er Böses getan habe. Er prüft, was man gegen ihn vorbringt. Doch er findet keine Schuld an Jesus. Pilatus möchte Jesus freilassen. Aber die vielen Menschen im Vorhof seines Palastes

sind aufgehetzt. Sie rufen: "Jesus soll sterben! Kreuzige ihn!" Pilatus läßt einen gefangenen Mörder, den Barabbas, holen. Einen von beiden will er frei lassen. Er hofft, daß sie nun Jesus frei haben wollen, statt dieses Mörders. Aber er hat sich getäuscht. Sie wählen den Barabbas. Der Mörder wird gerettet, und der, der niemandem etwas Böses getan hatte, wird zum Tode verurteilt.
Die Soldaten treiben aber vorher noch ihren Spott mit Jesus. Sie ziehen ihm einen roten Mantel an, wie nur ein König einen trug. Dann flechten sie aus Dorngestrüpp eine Krone und pressen sie ihm auf den Kopf.
Immer wieder ruft die Volksmenge: "Kreuzige ihn!"
Das ist bitter. Vor wenigen Tagen noch hatten sie "Hosianna" gerufen und Jesus beim Einzug in Jerusalem umjubelt. Jesus wird traurig. Hat man etwas Böses getan und wird dafür bestraft, so kann man es noch verstehen. Aber ungerecht behandelt, zu Unrecht verurteilt und gequält zu werden, das ist furchtbar.

Kreuzigung

Dann bürdet man Jesus das schwere Holzkreuz auf den Rücken. "Vorwärts! Los!" - so befehlen die Soldaten. Jesus geht Schritt für Schritt durch die engen Gassen von Jerusalem bis vor die Tore der Stadt. Dort auf dem Hügel Golgatha wird er gekreuzigt.
Maria und Johannes stehen unter dem Kreuz. Jesus sagt zu seiner Mutter: "Bitte, sei nun zu Johannes wie zu einem Sohn." Und zu Johannes sagt er: "Kümmere dich um Maria, als wäre sie deine Mutter!" Noch im Sterben macht Jesus sich Sorgen um die, die er lieb hat. Bis zum Ende liebt Jesus die Menschen. Ehe er stirbt, spricht er: "Herr, ich gebe mich dir ganz und gar hin. Nimm mich nun in deine Hände!" Dann sagt er nichts mehr. Jesus ist gestorben. Am Abend kommen Männer und nehmen Jesus vom Kreuz herunter. Sie wickeln ihn in große Tücher und bringen ihn in ein Grab, das aus einem Felsen herausgehauen war. Vor den Ausgang rollen sie einen schweren Stein.
Die Jünger haben alle Hoffnung verloren. Sie begreifen es nicht, daß der, der alle in einzigartiger Weise liebte, vom Haß der Menschen getötet wurde. Jesus hatte sie von Krankheiten, Sünde und Not befreit, und nun liegt er in einer Grabkammer. Ist das nicht ein trauriges Ende? Ist der Tod doch die stärkste Macht? - so fragen sie sich.

Ostern

Am Ostermorgen gehen einige Frauen zum Grab. Als sie näherkommen, erschrecken sie, denn das Grab ist offen. Der schwere Stein ist weggewälzt. Ein Bote Gottes sitzt dort und sagt zu ihnen: "Ihr sucht Jesus. Er ist nicht hier. Er ist auferstanden, wie er es vorhergesagt hat. Er hat den Tod besiegt. Geht hin zu seinen Jüngern und erzählt es ihnen!" Dann laufen die Frauen davon. Standen sie eben noch wie versteinert - jetzt laufen sie und erzählen es den Jüngern. Die aber glauben ihnen nicht.

Noch heute können es viele Menschen nicht fassen, daß Gott stärker ist als der Tod. Sie sagen: "Mit dem Tod ist alles aus." Den Gedanken, daß Jesus den Tod besiegt haben könnte, weisen sie von sich. Sie müßten sich eigentlich an jedem Sonntag auf dem Friedhof zu einem "Todesdienst" versammeln, um dem Tod die Ehre zu geben. Wir aber geben Gott die Ehre. Wir lassen nicht ab von unserem Glauben, von unserer Hoffnung, daß Jesus stärker ist als der Tod.
Das furchtbare Leiden unseres Herrn Jesus war kein sinnloses Leiden, sondern es geschah zur Vergebung unserer Sünden.
Jesus sagt: "Das tat ich für dich!" Und wir hören daraus die Frage an uns: "Und was tust du für mich?"
Unsere Antwort kann nur lauten: "Dir wollen wir vertrauen im Tod und auch im Leben!"

DIE GROSSE VERWANDLUNG

(Hilfsmittel: Ein Spiellied und eine Reißarbeit. Beides wurde an den vorhergehenden Sonntagen im Kindergottesdienst erarbeitet. Im Gespräch mit den Kindern haben wir den Weg des Samenkorns verfolgt: Halm - Ähre - Ernte - gedroschen - gemahlen - vermengt - gebacken. Brot = Lebensmittel = Mittel zum Leben - Quelle der Kraft. Ähnlich der Weg von der Traube zum Wein: Reifen bei Wind und Wetter, in Hitze und Regen - Ernte - gepreßt - gekeltert - vergoren - in Fässern gefangengehalten - edler Wein - Quelle der Freude. Dieser "Leidensweg von Brot und Wein" wurde dem Leidensweg Jesu gegenübergestellt.
Aus gummiertem Buntpapier wurden in verschiedenen Altersgruppen die Leidensstationen ausgerissen und auf zehn Plakaten dargestellt, um sie im Familiengottesdienst zu zeigen und zu erläutern.)

Im Familiengottesdienst wurde die Reißarbeit etwa wie folgt erläutert:
Jesus geriet in die "Mühlen der Justiz" und unter die Dreschflegel von Haß und Gemeinheit. Vielleicht hat der eine oder andere unter uns dies auch schon erlebt, daß er sich gedroschen und gepreßt fühlte. Den einen quält körperlicher Schmerz, Krankheit an Leib oder Seele. Ein anderer leidet unter der Lieblosigkeit eines Mitmenschen. Er macht ihm zu schaffen, fällt ihm schwer, wird ihm zur Last. Ein Dritter hat Sorgen, Kummer nagt an ihm, Mißerfolge machen ihn mutlos. Wenn wir zum Abendmahl kommen, dann schleppen wir dieses und vieles mehr mit uns. Wir dürfen es gewissermaßen in Brot und Wein auf dem Altar wiedererkennen. Und wir dürfen darauf vertrauen, daß Jesus unser Leid zu wandeln vermag, daß er aus Unheil Heil schaffen kann.
In Brot und Wein bringen wir uns selbst - unsere Freuden und unsere Sorgen vor Gott. Die ganze Not dieser Welt bringen wir im Gebet vor Gott und bitten: "Herr, du hast das Unheil am Kreuz, dem Gipfel menschlicher Bosheit, in Heil wandeln können. Du bist für uns und stehst zu uns. Darum wagen wir es, in aller Demut zu bitten: Wandle diese Welt zum Guten und fang damit bei uns an!"

In einem zweiten Teil soll die ganze Passionsgeschichte, die von den Kindern nur selten im Überblick, sondern nur in einzelnen Abschnitten aufgenommen wird, gespielt werden. Dabei beziehen wir Ostern unbedingt mit ein, weil es für Kinder zu schwer wäre, bei Karfreitag stehenzubleiben.
Hier einige Regieanweisungen:
zu Vers 1: Zwei Kinder bilden einen Esel, das "Jesuskind" setzt sich darauf. Die anderen Kinder winken mit Zweigen oder Blumen in den Händen. Zwei Kinder legen die Hände zu einem Tor zusammen, durch das Jesus in Jerusalem einreitet.
zu Vers 2: Die Jünger stellen sich um den Altar. Jesus teilt ihnen pantomimisch Brot und Wein aus.
zu Vers 3: Jesus kniet mit erhobenen Armen zum Gebet (oder stehend vor dem Altar). Die Jünger legen sich abseits nieder und schlafen ein.

Spiellied zu Passion und Ostern

Auf einem Esel saß der Herr, die Menschen winkten immer mehr,

Hosianna riefen sie im Chor, so ritt er durch Jerusalems Tor.

2. Mit seinen Jüngern in einem Saal beging er dann das Abendmahl.
   Er teilte aus das Brot, den Wein und wollte ihnen nahe sein.

3. Im Garten sprach er ein Gebet und hat in großer Angst gefleht:
   "Bewahre mich, o Gott, vorm Tod, doch dir vertrau ich in der Not."

4. Dann hörte Jesus Leute komm'n, die haben ihn dort festgenomm'n.
   Er wird noch in der gleichen Nacht zum Hohenpriester hingebracht.

5. Als Jesus wurd' von ihm verhört, da hat sich Petrus sehr empört:
   "Ich kenne diesen Jesus nicht!" So ließ er Jesus bald im Stich.

6. Am nächsten Tag, wohin man schaut, die Menschenmenge, die schrie laut:
   "Gekreuzigt werde dieser Mann!" - Pilatus sprach das Urteil dann.

7. Am Kreuze Jesus Christus starb, dann legte man ihn in ein Grab.
   An Ostern war er wieder frei, drum Ehr und Lob und Preis ihm sei!

8. Halleluja, Halleluja, Halleluja, Halleluja,
   Halleluja, Halleluja, Halleluja, Halleluja.

aus: Heinz Gerlach "Der Himmel kam zur Erde", Erzähl- und Spielbuch für die Jüngsten im Kindergottesdienst. Verlag Lydia Gerlach, Marburg 1981

zu Vers 4: Die Knechte des Hohenpriesters kommen im Marschschritt an und führen Jesus gefesselt ab.
zu Vers 5: Jesus steht im Hintergrund mit gesenktem Kopf vor seinen Richtern. Im Vordergrund deuten die Knechte oder eine Magd auf Petrus. Der aber macht eine abweisende Handbewegung und schüttelt den Kopf.
zu Vers 6: Jesus wird von der Volksmenge umringt, die mit den Fäusten drohen und wild gestikulieren.
zu Vers 7: Jesus liegt auf dem Boden. Alle anderen umstehen ihn und breiten ihre Arme nach vorn aus, so daß er wie in einem Grab zugedeckt erscheint. Dann springt er plötzlich auf, die Kinder weichen zurück und formieren sich zu einem Reigen um den auferstandenen Christus.
zu Vers 8: Alle tanzen um den Auferstanden herum.

"Er teilte aus das Brot, den Wein..."

"Bewahre mich, o Gott, vorm Tod..."

"An Ostern war er wieder frei..."

"...dann legte man ihn in ein Grab..."

DIE KREUZIGUNG JESU GEHT WEITER

(Hilfsmittel: In den vorangegangenen Kindergottesdiensten wurden die einzelnen Stationen der Passion Jesu erzählt und neun Plakate in der Reißtechnik hergestellt, d.h. die Mitarbeiter hatten beim Erzählen die Methode des Sprechzeichnens angewendet und dann die Kinder gebeten, nach der Vorgabe der Sprechzeichnung die Figuren aus gummiertem Buntpapier zu reißen und aufzukleben. In einem anderen Jahr wurden die Kinder gebeten, die Geschichte frei zu malen und in einen vorgegebenen "Stadtplan" von Jerusalem ihr Bild einzukleben.)

Als kleiner Junge wünschte ich mir, groß zu sein. Stark und klug wollte ich werden. Ich hoffte, wenn ich groß sei, dann bräuchte ich vor den großen Jungen keine Angst mehr zu haben, daß sie mich verhauen. Wenn ich klug wäre, bräuchte ich mich nicht mehr zu fürchten, ich könnte etwas falsch machen und würde geschimpft.
Wir halten Größe, Stärke und Klugheit für etwas Großartiges. Und wenn jemand dies alles nicht hat, dann bedauern wir ihn. Deshalb ist es so schwer für uns, zu begreifen, daß Jesus auf alle diese Vorzüge freiwillig verzichtet hat. Wenn jemand groß ist und läßt sich klein machen, erbärmlich zurichten und schlagen, obwohl er die Macht hätte, sich zu verteidigen, dann begreifen wir das nur schwer. Daß Gott Mensch wurde, wird uns immer ein Rätsel bleiben. Daß der Herr über Leben und Tod sich töten läßt, das paßt nicht in unsere Vorstellungen.
Wir wollen uns die Stationen des Leidens Jesu in Erinnerung rufen. Es folgt eine kurze "Vorstellung" der Arbeit der Kinder aus den letzten Kindergottesdiensten....

Wir haben uns im Kindergottesdiensthelferkreis Gedanken darüber gemacht, ob Jesus auch unter uns zu leiden hat, ob wir an seiner Passion beteiligt sind. Das Ergebnis unserer Überlegungen wollen wir nun vortragen:

1. Sprecher:
Beim Einzug in Jerusalem war die Begeisterung für Jesus groß. Aber schon kurze Zeit später ebbte sie ab und schlug in offene Ablehnung um. Haben wir an uns auch schon solchen Sinneswandel erlebt?

2. Sprecher:
Wir waren krank oder in einer Notsituation. In unserer Verzweiflung klammerten wir uns an Gott in der Hoffnung, er werde uns helfen. Als aber die Not vorbei war, hatten wir Gott sehr schnell vergessen.
Oder wir hatten ein besonders schönes Erlebnis, wir waren glücklich. Wir dankten Gott, jubelten ihm gewissermaßen aus frohem Herzen zu. Dann aber kamen schwere Tage, und wir fingen an, an Gott zu zweifeln.
Waren wir da nicht genauso wankelmütig wie die Menge, die Jesus erst mit "Hosianna" begrüßte, dann aber das "Kreuzige ihn!" schrie?

3. Sprecher:
Jesus hatte im Garten Gethsemane Angst. Er bat seine Jünger, bei ihm zu bleiben, mit ihm zu wachen und ihm beizustehen. Aber sie schliefen ein. Sie waren mit sich selbst beschäftigt.

4. Sprecher:
Ein kleiner Junge spielt mit Freunden auf dem Spielplatz. Plötzlich kommen größere Jungen und wollen die kleinen verprügeln. Der Junge rennt nach Hause. Doch die Eltern haben kein Verständnis für die Angst ihres Kindes. Sie sagen, er soll sich wehren, er müsse lernen, selbst mit so etwas fertig zu werden. Er fühlt, daß die, von denen er meinte, sie hätten ihn lieb, ihn im Stich lassen.

1. Sprecher:
Petrus war nicht mutig genug, um sich zu Jesus zu bekennen. Dreimal behauptete er, er kenne Jesus nicht. Werden auch wir wie Petrus manchmal gefragt, wie wir zu Jesus stehen?

2. Sprecher:
Andreas geht zum Kindergottesdienst. An der Straßenecke trifft er Klassenkameraden. Einer sagt: "Guckt 'mal, der geht schon wieder in die Kirche. Wir spielen jetzt Fußball. Das ist viel schöner!" Andreas schämt sich und antwortet: "Ich gehe gar nicht in die Kirche. Ich besuche meine Oma. Bei der kriege ich viele Süßigkeiten. Das ist noch besser als euer Fußballspielen!"
Ist er ein Feigling, weil er seinen Freunden nicht die Wahrheit sagte? Im Kindergottesdienst hört er dann die Geschichte, wie Petrus Jesus verleugnet hat. Andreas muß an sein Erlebnis mit den Klassenkameraden denken. Hat er auch Jesus verleugnet? Jesus hat damals dem Petrus verziehen, denn dem Petrus tat es sehr leid, daß er sich nicht zu Jesus bekannt hatte.

3. Sprecher:
Pilatus hatte erkannt, was Recht und was Unrecht war. Er fand an Jesus keine Schuld. Aber er wollte es nicht mit den Hohenpriestern verderben. Wider besseres Wissen verurteilte er Jesus zum Tode.

4. Sprecher:
Ein Autounfall. Zwei Autos sind zusammengestoßen. Es ist nur Blechschaden entstanden. Der eine Fahrer war eindeutig schuld. Aber er bestreitet es und schildert den Unfall

anders, als er wirklich war. Keiner von den Leuten, die den Unfall als Fußgänger genau gesehen hatten, ist bereit, Zeuge zu sein. Jeder denkt nur an sich und weigert sich, dem Unschuldigen zu seinem Recht zu verhelfen.

1. Sprecher:
Jesus wurde gekreuzigt. Man hatte nicht erkannt, daß er wirklich Gottes Sohn war. Wir müssen uns fragen: Ist die Leugnung Gottes nicht die moderne Form der Kreuzigung? Nächstenliebe ist ein Bekenntnis zum lebendigen Gott. Verweigerte Nächstenliebe wäre demnach der Ausdruck dafür, daß man Gott für gestorben hält.

2. Sprecher:
Ein Kind hat Angst. Es ist allein im Haus, denn die Eltern sind ausgegangen. Es donnert und blitzt. Da hört das Kind, wie gerade die Nachbarn auch aus dem Haus gehen wollen. Es läuft weinend zur Tür. Trotz großer Eile bleibt der Mann stehen und spricht mit dem Kind. Seiner Frau jedoch ist die Einladung wichtiger. Sie geht weg. Der Mann aber bleibt bei dem Kind und tröstet es in seiner Angst.

Wenn ich danach frage, ob und wo ich in der Passionsgeschichte vorkomme, so werde ich nicht sagen können: Ich bin an dem Leiden Jesu unschuldig. Ich möchte dann vielmehr beten: "Herr, erbarme dich!"
Dies wollen wir tun: Gott um Erbarmen bitten, daß er uns lieb behält, auch wenn wir ihn so oft enttäuscht haben.

Einzug in Jerusalem

Gefangennahme

Verleugnung des Petrus

Kreuzigung

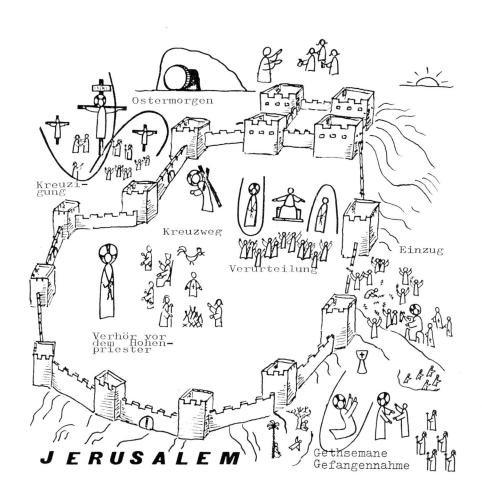

AUS UNHEIL WIRD HEIL, AUS TOD WIRD LEBEN

(Hilfsmittel: Flanellbilder)

Wir erzählen eine Geschichte vom Wassertropfen: Er fällt zur Erde, sickert durch das Erdreich, vereinigt sich mit anderen Tropfen, kommt irgendwo bei einer Quelle wieder ans Tageslicht, fließt immer weiter den Berg hinab, um schließlich ins Meer zu gelangen. Dort wärmt ihn die Sonne so stark auf, daß er als Dunst in die Höhe steigt und mit vielen anderen Teilchen eine Wolke bildet. Sie wird vom Wind hoch in den Norden getrieben. Hier fällt der Tropfen als Schnee wieder zur Erde. Als es wärmer wird, schmilzt er. Doch in der Nacht gefriert er zu Eis, bis er dann wieder bei Tauwetter ins Erdreich sickert usw.
Wir machen so deutlich, daß Wasser verschiedene Gestalt annehmen kann. Es gibt Verwandlungen. Als Beispiel könnte auch die Verpuppung der Raupe zur Larve und schließlich das Hervorgehen eines neuen, wunderschönen Lebewesens dienen.
Nun wollen wir von einer anderen, noch viel gewaltigeren Verwandlung hören:... Im Folgenden wird mit Hilfe der Flanellbilder (man nehme dazu "Tonpapier", übertrage die Zeichnung und hinterklebe die einzelnen Teile mit selbstklebenden Haftstreifen) die Passionsgeschichte stichwortartig nacherzählt.

Teil 1
Jesus zieht in Jerusalem ein. Man jubelt ihm zu. Aber bald schon wird man rufen: "Kreuzige ihn!". Jesus weiß, daß die Enttäuschung darüber, daß er die Römer nicht mit Gewalt vertreibt, zum Haß gegen ihn werden wird.

Teil 2
Jesus feiert mit seinen Jüngern das Abendmahl. Noch sitzt der Verräter mit am Tisch. Was Jesus von dem Brot und Wein sagt, können sie noch nicht verstehen.

Teil 3
Im Garten Gethsemane bittet Jesus den himmlischen Vater, der Leidenskelch möge an ihm vorübergehen. Doch er sagt auch: "Herr, dein Wille geschehe!". Seine Jünger schlafen derweil immer wieder ein. Sie stehen ihrem Herrn in seiner schweren Stunde nicht bei.

Teil 4
Dann kommen die Knechte des Hohenpriesters. Judas gibt Jesus einen Kuß. "Der ist es, den ergreift!" Die Jünger laufen aus Angst davon.

Teil 5
Jesus wird in der Nacht vor den Hohenpriester Kaiphas gebracht und vom Hohen Rat verhört. Derweil verleugnet Petrus seinen Herrn dreimal.

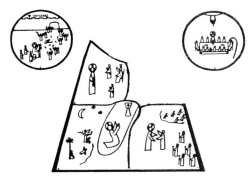

Teil 6
Am nächsten Morgen wird Jesus vor Pontius Pilatus gebracht. Er kann an Jesus keine Schuld finden. Doch er möchte es nicht mit den maßgeblichen Leuten in Jerusalem verderben. So ist er bereit, ein ungerechtes Urteil zu sprechen. Das Volk will lieber den Mörder Barabbas als Jesus.

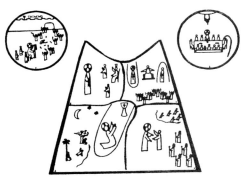

Teil 7
Dies nun ist der Gipfel der Bosheit der Menschen: Sie schlagen Gottes Sohn ans Kreuz. Nachdem Jesus Verrat, Angst, Einsamkeit, Verspottung, Geißelung und ein ungerechtes Urteil ertragen mußte, mußte er auch noch einen qualvollen Tod erleiden.

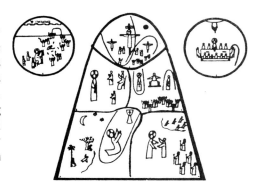

Teil 8
Gott besiegt den Tod. Er läßt Jesus nicht im Stich, sondern bestätigt ihn durch die Auferstehung. Gott macht die "Spitze der Bosheit" zur "Grundlage des Heils". Gott verwandelt den Galgen in das Heilszeichen.
Der sich auf Gott verließ, den verließ Gott nicht. Gott hat den Stein vom Grab gewälzt. Die Frauen erhalten die "frohe Botschaft", daß der Tod keine endgültige Macht über uns hat. Christus ist der Herr. Damit hat sich alles gewandelt.

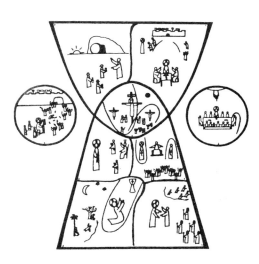

Teil 9
Die mit hängenden Köpfen nach Emmaus wandernden Jünger haben keine Hoffnung mehr. Doch Jesus öffnet ihnen die Augen. Beim Abendmahl erkennen sie ihren Herrn. Nun ist es ihnen gewiß, was sie den Frauen nicht glauben wollten: "Der Herr ist wahrhaftig auferstanden!"

Aus den einzelnen Szenen ist ein Kelch mit zwei Oblaten geworden. Brot und Wein verbürgen es uns: "Jesus ist für uns." Gott hat aus dem Unheil Heil gemacht. Die Kreuzigung Jesu (Schnittmenge des bösen Bogens von unten und des guten Bogens von oben!) geschah zum Heil derer, die das Unheil zu verantworten haben. Gott durchkreuzt das Negative und macht aus dem Minus Plus.

Jesus lebt, Jesus lebt! Laßt uns alle froh sein, Halle - luja,

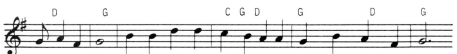

Hallelu - ja! Denn er hat den Tod getötet, drum stimmt kräftig ein:

Halle - luja, Hallelu - ja!   Halle - luja, Hallelu - ja!

2. Jesus lebt, Jesus lebt...
   Auf Karfreitag folgte Ostern damals und auch heut, Halleluja...

3. Jesus lebt, Jesus lebt...
   Die verzagten Jünger und wir selbst bekommen Mut, Halleluja...

4. Jesus lebt, Jesus lebt...
   Alle dürfen wieder hoffen, Jesus ist der Herr, Halleluja...

aus: H. Gerlach / R. Hill "Stimmt mit ein", Neue Lieder für Kirche und Schule mit Liedsätzen für Orff-Instrumente. Verlag Lydia Gerlach, Marburg 1980

AGAPEFEIER ZUM GRÜNDONNERSTAG

AGAPE - UND ABENDMAHLSFEIER

ZUM GRÜNDONNERSTAG

Zum Gedächtnis der Einsetzung des heiligen Abendmahls legt sich eine besondere Form, ein Feierabendmahl nahe, das in seiner äußeren Gestaltung der Form in der Urgemeinde möglichst nahekommen sollte. Die Kombination von Agape, Tischgespräch und Abendmahl hat sich bewährt. Zum Äußeren einige Anmerkungen:
Die Kirche (lose Bestuhlung) wird umgeräumt. In einem großen Viereck werden Tische gestellt. Jeder sollte jeden ansehen können. Die Mitte des Vierecks ziert der (transportable) Taufstein bzw. eine Bodenvase. Gemeindeglieder haben Platten mit geschmierten Broten, Wein und Säfte, Kerzen und Blumen auf die Tische gestellt. Da um Anmeldung zur Teilnahme gebeten wird, ist die Tischrunde geschlossen. Dies ist nicht unwichtig für das spätere Herumreichen von Brot und Wein. Es hat sich bewährt, das Abendmahl als Höhepunkt an den Schluß zu stellen und mit dem Essen zu beginnen, weil das gemeinsame Essen die anschließende Gesprächsrunde besser erschließt als die festgefügte Form des Abendmahls. Die Gedecke und Brotplatten werden bis zum Schluß auf den Tischen belassen. Sie stören weniger, als wenn zwischendurch Aufräumungsarbeiten getätigt würden.

Begrüßung

Lied

Tischgebet: Herr, segne uns auch heute mit Speise und mit Freude. Und sei mit deinem Namen in unsrer Mitte. Amen.

Abendessen (freie Unterhaltung untereinander)

Lied

Tischgespräch (an einem Bibeltext oder theologischem Thema orientiert, vom Pfarrer geleitet und gebündelt).

Fürbittengebet:
Herr Jesus Christus, du hast oft in Bildern gesprochen. Hilf, daß wir dein Wort verstehen.
Wir rufen zu dir:
Herr, erhöre uns.
Du hast gesagt: Ich bin das Licht der Welt.
Herr, in der Welt gibt es so viel Dunkelheit. Vieles macht uns Angst. Laß uns dein Licht leuchten, daß wir den Weg sehen und ihne ohne Angst gehen können.
Wir rufen zu dir:
Herr, erhöre uns.
Du hast gesagt: Ich bin der gute Hirte.
Herr, oft wissen wir nicht, wie wir uns richtig verhalten sollen. Es gibt so viele Meinungen und Richtungen. Bitte, führe du uns als der gute Hirte.
Wir rufen zu dir:
Herr, erhöre uns.
Du hast gesagt: Ich bin der Weg, die Wahrheit und das Leben.
Herr, laß uns dies immer besser verstehen, damit wir dir mit Freude nachfolgen und das ewige Leben erlangen.
Wir rufen zu dir:
Herr, erhöre uns.
Herr, du hast gesagt: Ich bin der Weinstock, ihr seid die Reben.
Herr, wie die Reben nur wachsen können, wenn sie mit dem Weinstock in Verbindung sind, so laß uns dir verbunden sein. Laß deine Liebe in uns strömen.
Wir rufen zu dir:
Herr, erhöre uns.
Du hast gesagt: Ich bin das Brot des Lebens.
Herr, du weißt besser als wir, was wir brauchen. Du beschenkst uns täglich mit allem, was wir brauchen, und mit noch viel mehr. Laß uns nicht vergessen, daß wir dir alles verdanken.
Wir rufen zu dir:
Herr, erhöre uns.
Du hast gesagt: Ich bin die Tür zum Leben.
Herr, durch die Tür geht man von einem Raum zum ande-

ren. Du bist die Tür, wenn wir dieses Leben verlassen, um in das ewige Leben zu kommen. Wenn wir sterben, ruf du uns in dein Reich.
Wir rufen zu dir:
Herr, erhöre uns.
Du hast gesagt: Ich bin die Auferstehung und das Leben.
Herr, weil du den Tod besiegt hast, brauchen wir uns vor nichts zu fürchten. Wir bitten dich, bleibe bei uns, so lange wir leben. Und wenn wir sterben, dann laß uns bei dir sein.
Wir rufen zu dir:
Herr, erhöre uns.

Lied: Das sollt ihr Jesu Jünger nie vergessen (EKG 159)

Rüstgebet:
Herr, wir haben geschwiegen, wo wir hätten reden sollen, und haben geredet, wo wir hätten schweigen müssen.
Wir haben getan, was wir hätten unterlassen sollen, und haben unterlassen, was wir hätten tun müssen.
Ein jeder bekenne:
Herr, ich bin nicht wert, daß du unter mein Dach gehst, aber sprich nur ein Wort, so wird meine Seele gesund.
Christus spricht: Erhebet eure Häupter, darum, daß sich eure Erlösung naht. Laßt uns anbeten:
Ehre sei dem Vater und dem Sohn und dem Heiligen Geist, wie es war im Anfang, jetzt und immerdar und von Ewigkeit zu Ewigkeit. Amen.

Gebet zur Darbringung von Brot und Wein
(Die Abendmahlsgeräte werden herzugetragen oder jetzt aufgedeckt)
Vor uns stehen Brot und Wein: Gaben zum Leben und zur Freude. Gaben aus Gottes Hand und zugleich Früchte menschlicher Arbeit. In diesen Gaben erkennen wir den Herrn und auch uns selbst.
Das Brot: gesät - gewachsen - geschnitten - gedroschen - gemahlen - dem Feuer ausgesetzt. Es ist zum Mittel des Lebens geworden.

Der Wein: gepflanzt - gewachsen - umhegt - gereift - geerntet - gekeltert - vergoren - gereinigt - gefangengehalten. Er ist zum Mittel der Freude geworden.
Mit Brot und Wein bringen wir selbst uns vor Gott und bitten: Herr, wandle uns, laß uns reifen, damit wir für andere zum Brot werden und zur Quelle der Freude.

Präfation:
Herr, unser Gott, du hast deinen Kindern deine Treue zugesagt - trotz unserer Untreue;
du hast uns deinen Sohn zum Bruder gemacht - trotz unserer Unbrüderlichkeit;
du hast uns in Jesus Christus eine Zukunft geschenkt - trotz unserem Festhalten am Gestrigen.
Durch Christi Leiden, Tod und Auferstehen hast du uns gezeigt, daß du der Herr bist: gestern und heute und in Ewigkeit.
Heilig, heilig, heilig ist Gott, der da ist und der da war und der da kommt.

Einsetzungsworte:
Unser Herr Jesus Christus, in der Nacht, da er verraten ward, nahm er das Brot, dankte und brach's und gab's seinen Jüngern und sprach: Nehmet hin und esset, das ist mein Leib, der für euch gegeben wird; solches tut zu meinem Gedächtnis.
Desgleichen nahm er auch den Kelch nach dem Abendmahl, dankte, gab ihnen den und sprach: Nehmet hin und trinket alle daraus, dieser Kelch ist das Neue Testament in meinem Blut, das für euch vergossen wird zur Vergebung der Sünden, solches tut, so oft ihr's trinket, zu meinem Gedächtnis.

Vaterunser

Communion:
Reichet einander das Brot und sprecht: Christi Leib für dich gegeben.
Reichet einander den Kelch und sprecht: Christi Blut für dich vergossen.

Dankgebet:
Herr, wir danken dir für die Zeichen deiner Liebe. Wir bitten dich, erwecke in uns den Glauben, die Liebe und die Hoffnung, daß wir dich preisen von nun an bis in Ewigkeit. Amen.

oder:

Gott, du hast uns das Leben gegeben. Laß uns verantwortlich damit umgehen.
Du hast uns die fünf Sinne geschenkt. Hilf uns, sie zu gebrauchen dir und uns zur Freude.
Du hast uns mit Phantasie begabt. Hilf, daß wir sie gebrauchen im Dienst an unserem Nächsten.
Du hast uns die Sprache erlernen lassen. Gib uns gute Worte füreinander.
Du hast uns die Zeit geschenkt. Laß sie uns nutzen, daß wir einander lieben.
Du hast uns die schöne Natur anvertraut. Hilf, daß wir sie nicht zerstören.
Du hast einen jeden von uns gewollt. Herr, laß uns glückliche Menschen sein. Amen.

Segen

Lied

Themenvorschläge für das Tischgespräch:
Die Fußwaschung (Jo 13).
Das große Abendmahl (Lk 14).
Der sinkende Petrus (Mt 14).
Die Ich-bin-Worte Jesu.
Die sieben Worte Jesu am Kreuz.
Das Gebet.
Engel.
Bildmeditationen.
Umgang mit dem Leid.
Wenn wir Abschied nehmen müssen.
u.a.m.

1. Wenn wir essen, wenn wir trinken /:Brot und Wein:/
2. Wenn wir Jesu Leid bedenken /:Kreuz und Tod:/
3. Wenn wir Angst vor morgen haben /:Leid und Not:/
4. Wenn Gemeinschaft wir erfahren /:Groß und Klein:/

1. wollen wir an Jesus denken, dankbar sein, dankbar sein.
2. Jesu Gegenwart wird schenken Wein und Brot, Wein und Brot.
3. läßt uns Jesus sie besiegen, Tod dem Tod! Tod dem Tod!
4. will mit Brot und Wein uns laben Gottes Sohn, Gottes Sohn.

aus: H. Gerlach / R. Hill "Stimmt mit ein", Neue Lieder für Kirche und Schule mit Liedsätzen für Orff-Instrumente. Verlag Lydia Gerlach, Marburg 1980

GEDANKENSPLITTER ZU OSTERN

GRABESRUHE

Die Friedhofsstille ist sprichwörtlich.
Hinter Mauern,
unter Bäumen verborgen
ruhen unsere Toten.
Ist es eine Ruhe, die wir i h n e n gönnen,
oder ist es eine Ruhe,
die w i r brauchen?
Der Tod beunruhigt uns nach wie vor.
Wo ein Grab sich auftut,
wie damals in Jerusalem,
schlägt Unruhe gar in Panik um.
Wenn der Tod nicht der Schlußpunkt ist,
dann kann das, was zuvor ist,
nicht bleiben,
wie es ist!

Also schüttete man das Grab Jesu zu
und errichtete darüber ein Heiligtum der Venus
- so geschehen unter Kaiser Hadrian im Jahre 135.
Doch die Botschaft vom Auferstandenen
war nicht zum Schweigen zu bringen.
Zweihundert Jahre später
ließ Kaiser Konstantin das Grab wieder freilegen.
Um das Grab Jesu
gibt es keine Grabesruhe.
Die Grabeskirche ist Zeuge einer wechselvollen Geschichte.
Der heutige Touristenstrom läßt es kaum zu,
dort in Ruhe zu bedenken,
welche Weltrevolution am Grab Jesu geschah.

Auch die Blechlawinen
auf den Straßen an Ostern beweisen:
Es wäre vielen lieber,
um dieses Grab würde es still.
Sie könnten beruhigt weiterleben
wie bisher.

DER TOD IST GESTORBEN

Diesen Leichenzug stelle man sich vor,
wenn der Tod
zu Grabe getragen wird!
Das wäre der wahre Totentanz!
Ein Leichenzug ohne Trauer und Tränen,
ohne Abschiedsschmerz und brennende Fragen.
Ein Leichenzug, der auf alles eine Antwort wäre!
Diese Beisetzung fände nicht in aller Stille statt.
Die ausgelassene Freude
eines Karnevalzuges wäre noch blaß
gegenüber diesem Freudentaumel.
Eine Todesanzeige würde sich erübrigen.
Wie ein Lauffeuer ginge diese frohe Botschaft
um die ganze Welt.
Genau so war es!
Wie ein Lauffeuer ging diese frohe Botschaft
um die ganze Welt.
Da war einer,
der hat dem Tod die letzte Macht genommen.
Dieser alten Schlange hat ER
den Zahn gezogen.
Sie kann noch töten,
doch ihr Töten ist nur ein Einschläfern.
Sie kann die Auferstehung nicht hindern.
Der Tod ist gestorben.
Das Ostergelächter kann beginnen.

DAS LEERE GRAB

Man stelle sich vor,
Archäologen entdeckten in Jerusalem
die sterblichen Überreste eines etwa Dreißigjährigen
und dabei läge ein Zettel mit der Notiz:
"Hier ruht Jesus von Nazareth".
Entsetzen bei den Zweiflern:
"Dann hat ER tatsächlich gelebt!"
Tiefe Depression bei den Gläubigen:
"Dann ist ER nicht auferstanden!"
Es wäre das Ende des christlichen Glaubens.
Daß sich etwas historisch nachweisen läßt,
ist in vielen Fällen wesentlich
- bei der Auferstehung aber nicht!
Saulus wußte von dem leeren Grab,
doch die Leere des Grabes
weckte in ihm keinen Glauben an den Auferstandenen.
Im Gegenteil:
Er verfolgte die Christen.
Erst die Begegnung mit Christus vor Damaskus,
das Angesprochenwerden durch den Herrn
machte aus Saulus den Paulus.
Jetzt war ihm gewiß:
Der Herr lebt,
also hat der Tod ausgespielt.
Nicht ein leeres Grab
ist der Inhalt des Glaubens,
sondern Jesus Christus,
der Auferstandene.
Nicht das Für-wahr-Halten
mirakulöser Ereignisse macht den Glauben aus,
sondern das Vertrauen auf Christus,
unseren Heiland.

WETTLAUF

Die Schritte auf dem Friedhof sind bedächtig.
Schnelle Gangart ist dem Trauernden fremd.
Als hätten sie die Orientierung verloren,
so schleppen sich Hinterbliebene oftmals dahin.

Doch am Ostermorgen in Jerusalem
ist alles anders.
Da rennen zwei Jünger zum Grab Jesu.
Maria Magdalenas Nachricht hat sie aufgeschreckt.
Der Stein sei fort,
das Grab sei leer
- so hatte sie gemeldet.
Das beflügelte die Schritte.
Da kann man die Würde des Ortes nicht wahren.
Wenn das wahr ist,
dann hat der Tod sein Recht verloren.
Dann ist Eile geboten,
um es allen weiterzusagen:
ER,
den man für tot hielt,
lebt.
Und sie,
die dabei sind, ihre Hoffnungen zu begraben,
dürfen wieder hoffen.
Wo es Hoffnung gibt,
da schleicht man nicht,
da rennt man hin.
Hoffnung,
die der Tod nicht zerstört,
darf nicht verpaßt werden.

DAS OSTERGELÄCHTER

Das Ostergelächter (risus paschalis)
hatte in der Osterliturgie seinen festen Platz.
Lustige Ostermärlein
- oft in Gedichtform -
wurden zum besten gegeben.
Das geschah zu der Zeit,
als die weitverbreiteten Passionsspiele
die Gläubigen zum Weinen brachten
- im Mittelalter.
Wo Tränen fließen durften,
kam auch das Zwerchfell zu seinem Recht.
Wo der Schmerz über Christi Tod
mitgefühlt
und nicht nur in berichtendem Ton mitgeteilt wurde,
fand die frohe Botschaft der Osternacht
ihre Antwort im Ostergelächter.
Dies ist wahrer Osterglaube,
wenn der Tod ausgelacht und verspottet wird.
Paulus hat es uns vorgemacht:
"Tod, wo ist dein Sieg?
Tod, wo ist dein Stachel?"

Wer setzt einen Preis aus
für das beste Spottlied
auf den Tod?
Einen solchen Wettbewerb
auszuschreiben,
stünde der Kirche gut an!

MIT FURCHT UND ZITTERN

Die Angst hatte sie gepackt
- was sonst?
Wenn nicht einmal der Tod
verläßlich war,
worauf sollte man sich dann noch verlassen können?
"Mit ihm ist alles aus!"
- das jedenfalls schien bis dahin
felsenfest festzustehen.
Jetzt aber...?
Ein leeres Grab
- sagt selbst! -
bringt euch das nicht zum Zittern?
Dann müßten wir doch noch weitsichtiger werden!
Ich meine:
Über den Tod hinaus müßten wir dann blicken.
Wie soll man da bestehen können?
Ist es nicht schwierig genug,
sich vor seinesgleichen auf Erden zu verantworten?
Nun aber gilt es, noch mehr im Blick zu haben!
Nun ist der Tod kein Endpunkt mehr.
Nun ist er Doppelpunkt.
Das Entscheidende steht dahinter!
Da braucht's schon eine Weile,
bis man's gepackt hat,
bis die Freude den Schrecken verjagt.
Die Frauen jedenfalls sind erst einmal davongerannt.
Ich kann's ihnen nicht verdenken.
Sie hielten den Anblick des leeren Grabes nicht aus,
- und was es besagt,
erst recht nicht!
Wäret ihr standfester gewesen?
Ich habe da meine Bedenken!

NOLI ME TANGERE

"Rühr mich nicht an!"
- so sprach der Auferstandene
zu Maria Magdalena.
Berührungsängste Jesu?
Von Thomas ließ sich Jesus anfassen!

Wer möchte nicht begreifen wollen,
was so schwer zu begreifen ist?
Was unser Verstand nicht fassen kann,
das sollen wenigstens die Hände fassen können.
Aber der Auferstandene
liefert sich nicht aus
- weder unseren Begriffen
noch unseren Händen.
Er übersteigt alles Verstehen.

Daß einer jenseits von Raum und Zeit steht,
die Begrenzungen irdischen Daseins sprengt,
das kann man nur für wahr nehmen.
Es bleibt der Wahrnehmung unserer Sinnesorgane versagt.
Maria Magdalena soll IHN nicht berühren.
ER aber rührt sie an,
trifft sie im Innersten,
ruft sie beim Namen.
ER bringt sie in Bewegung.
Jetzt erst kann sie das Loch des Grabes verlassen,
sich den Lebenden zuwenden
und ihnen die Botschaft bringen:
Der Herr lebt.
Die Tür des Todes ist gesprengt.

DER ZWEIFLER

Ich bin der "ungläubige Thomas".
Ich bin zum Begriff geworden.
Aber begreift doch:
Der Sack wird geschlagen,
doch der Esel ist gemeint.
Ich will gern der Sack sein,
wenn ihr erkennt, daß ihr der Esel seid.
Oder etwa nicht?
Ich habe doch nur auszusprechen gewagt,
was euch im Herzen plagt!
Wer sehnt sich nicht danach, die Zweifel loszuwerden
durch Eindeutigkeit und Begreifbarkeit?
Wen macht's nicht müde,
immer neu sich durchzuringen durch
quälende Fragen?
Glaube ist der Sieg über den Zweifel.
Kein leichter Sieg.
Kein Sieg ein-für-allemal.
Glaube braucht diesen Hintergrund,
den nagenden Zweifel,
um sich als Glaube zu erweisen.
Der Frierende weiß die Wärme zu schätzen.
Wer im Dunkeln tappt, sehnt sich nach Licht.
Der Zweifler sucht die Einheit,
denn Hin- und hergerissen-werden quält.
ER gewährte mir,
daß ich ihn begreife mit meinen Fingern.
Ich durfte anfassen,
was nicht zu fassen ist:
Der vom Tod Verschlungene lebt,
und der sich so vital gebärdende Tod
ist am Ende seiner Herrschaft.
Ich kann's nur bezeugen.
Den Glauben nimmt euch keiner ab.

"...DENN ER WAR NACKT."

"Es ist der Herr!"
- sagte Johannes zu Petrus,
als sie am See Tiberias fischten
und der Auferstandene am Ufer stand.
Erste Reaktion:
Petrus suchte nach seinem Obergewand,
denn er war nackt.
Warum erzählt der Evangelist
solch ein belanglos erscheinendes Detail?
Will er die Scham des Versagers signalisieren,
der nun dem gegenüberstand,
den er dreimal verleugnete?
War es spontane Adam-Eva-Reaktion,
das Bedürfnis, sich zu verstecken?
Bloßgestellte suchen Bedeckung nach wie vor.
Nachdem Gott selbst
den Menschen
Bekleidung gegeben hatte,
galt es dem Juden als unschicklich,
vor Gott nackt zu erscheinen.
Das Sich-Bekleiden des Petrus
war ein Bekenntnis.
Petrus erkannte in jenem
am Ufer
die Gegenwart Gottes.
Ihm fielen seine Sünden ein.
Nach dreimaliger Frage
"Hast du mich lieb?",
reicht Jesus dem Versager die Hand
und stellt ihn neu in seinen Dienst.
Jesus versagt dem Versager nicht seine Liebe.

INCOGNITO

Mit hängenden Köpfen
unterwegs.
Mit trübem Blick
auf der Landstraße
von Jerusalem nach Emmaus.
Unbewältigte Vergangenheit
auf den Schultern.
Düstere Zukunft
unter den Füßen.
Kein Spaziergang.
Und dann geht einer mit,
unerkannt,
uninformiert,
wie es scheint.
Doch ER teilt ihren Weg.
ER stellt sich ihren Fragen.
Bis ihnen die Augen aufgehen,
müssen sie ein Stück mit IHM gegangen sein,
hingehört haben auf das,
was ER zu sagen hat.
Zum Bleiben mußten sie IHN erst drängen,
IHN unter ihr Dach bitten,
Brot und Wein mit IHM teilen.
Dann erst gingen ihnen die Augen auf.
.....
Wie oft schon haben wir
erst im Rückblick gemerkt:
da ging einer mit,
da war ein Fremder an unserer Seite
incognito.

HERR, BLEIBE BEI UNS

Die höfliche Bitte der Emmausjünger
ließ aus dem Gast einen Gastgeber werden.
ER brach ihnen das Brot.
ER brach das Gefängnis ihrer Resignation auf.
ER brach die Macht der Enttäuschung.
So erkannten sie IHN.

Herr, bleibe bei uns,
    und laß uns deine Gegenwart spüren.
Herr, bleibe bei uns
    in unserer Resignation.
Herr, bleibe bei uns
    in unserer Ohnmacht.
Herr, bleibe bei uns,
    wenn uns Depressionen überfallen.
Herr, bleibe bei uns,
    wenn uns die nackte Angst packt.
Herr, bleibe bei uns,
    wenn Ungewißheit uns zittern macht.
Herr, bleibe bei uns,
    wenn wir vor uns selbst erschrecken.
Herr, bleibe bei uns,
    wenn Abschiede schmerzen.
Herr, bleibe bei uns,
    wenn wir Arbeit und Verantwortung abgeben.
Herr, bleibe bei uns,
    wenn der Arzt nur noch die Achseln zuckt.

Herr, bleibe bei uns
    mit deinem Wort und Sakrament.
Herr, bleibe bei uns
    mit deiner Güte und Treue.
Herr, bleibe bei uns
    mit deinem Trost und Segen.

LEBEN AUS DEM TOD

Die Bibel bezeugt uns in vielen Variationen, daß Gott aus dem Tod Leben erwecken kann.
Abrahams Frau Sara war schon sehr betagt und hatte keine Kinder geboren. Sie wollte dem ausbleibenden Kindersegen nachhelfen: Sie schickte Abraham zur Magd Hagar. Diese gebar ihm den Ismael. Das war der Versuch, dem Segen auf die Sprünge zu helfen. Ismael wurde der Stammvater der Araber. Wie menschliche Berechnung mithalf, daß die Kinderverheißung an Abraham in Erfüllung ging, so wirkt im Islam der Gläubige an seinem Heil durch Gehorsam entscheidend mit. Danach aber wurde Sara doch noch schwanger und gebar den Isaak. Zuerst wollte sie es nicht glauben, daß aus ihrem "erstorbenen" Leib noch Leben hervorgehen könne. "Sie aber lachte", als die drei Boten dem Abraham die Geburt eines Sohnes ankündigten.
Hanna war unfruchtbar. Kinderlos zu bleiben, das war, als wäre man gestorben. Hanna gelobte, das Kind dem Herrn zu weihen, wenn sie Mutter würde. Gott nahm ihr Gelöbnis an. Sie gebar den Samuel, den Propheten und Wegbereiter Davids. Hanna bekannte: "Der Herr tötet und macht lebendig, er führt hinab zu den Toten und wieder herauf" (1. Sam 1,6).
Elisabeth, die Mutter des Täufers, war lange Zeit kinderlos. Ihr Leib galt als unfruchtbar, dem neuen Leben verschlossen. Doch sie ließ die Hoffnung nicht fahren. Aus Erfahrung konnte sie dann später zu Maria sagen: "Selig bist du, die du geglaubt hast." Denn auch Elisabeth hatte geglaubt. Ihr sehnlichster Wunsch, daß ihr unfruchtbarer Leib Frucht bringe, ging in Erfüllung.
Maria wußte von keinem Mann und gebar dennoch Jesus. Der Einzigartige sollte auf einzigartige Weise auf die Welt kommen. Daß Gott Leben hervorbringen kann, wo nach menschlichem Ermessen kein Leben sein kann, das sollte schon bei Jesu Geburt deutlich werden. Damit wird schon angedeutet, daß Jesus leben wird, wenn die Frauen zum Grab gehen werden, um seinen Leichnam zu salben. Leben aus dem Tod. Das ist der rote Faden, der sich durch die ganze Bibel zieht.

So war es schon am Anfang: Adam und Eva sind gewissermaßen die erste "Jungfrauengeburt". Nicht aus dem Nichts geboren und auch nicht aus Menschen hervorgegangen, sondern einzig dem Willen Gottes entsprungen.
Was uns die Bibel bezeugt, das steht in anderer Weise als Grabinschrift auf einer barocken Grabplatte:
"So jemand meinen Schädel findet,
so predige es ihm dieser Schädel noch:
Ich habe keine Augen,
dennoch schaue ich ihn;
ich habe keine Zunge,
dennoch lobsinge ich ihm mit euch allen,
die ihr seinen Namen anruft.
Ich liege hier draußen auf dem Gottesacker,
dennoch bin ich im Paradies.
Alles Leiden ist vergessen.
Das hat seine große Liebe getan,
da er für uns sein Kreuz trug
und hinausging nach Golgatha."
Ein anderes Beispiel solchen Auferstehungsglaubens stammt aus unserem Jahrhundert aus Rußland:
Ein Mitglied des "Bundes kämpfender Gottloser" hielt vor orthodoxen Bauern mit viel Elan einen Vortrag. Er wollte die Bauern überzeugen, daß der Glaube an einen Gott nicht in unsere Zeit passe. Als er zu Ende war mit seiner Rede, wollte er seine Ausführungen zur Diskussion stellen. Doch dazu kam es nicht. Ein Bauer war aufgestanden und sprach laut und deutlich die Worte, die sie so oft gehört hatten und die ihnen von Kindheit an vertraut waren: "Christus ist auferstanden." Und alle fielen im Chor ein: "Er ist wahrhaftig auferstanden." Die Diskussion war damit beendet. Der Osterjubel hatte die Todesanbeter zum Schweigen gebracht.

HERR OSTERO UND HERR ZWEIFLI
Ein erdachtes Zwiegespräch

Zweifli: Herr Ostero, ich habe gesehen, daß Sie heute aus der Kirche kamen. Ich habe Sie eigentlich für einen vernünftigen Menschen gehalten. Aber jetzt bekomme ich Zweifel. Glauben Sie etwa, daß diese Geschichten über Jesus stimmen? Glauben Sie wirklich, daß Jesus von den Toten auferstanden ist? Die Leiche haben die Jünger sicher geklaut und dann diese Geschichte erfunden!

Ostero: Ich will nun nicht umgekehrt daran zweifeln, ob Sie ein vernünftiger Mann sind oder nicht. Ich gehe davon aus, daß Sie denken können. Deshalb bitte ich Sie, zu überlegen, in welcher Stimmung und seelischen Verfassung die Jünger waren, als ihr Herr und Meister gefangengenommen und gekreuzigt wurde. Sie waren geflohen und hatten sich versteckt. Sie hatten verständlicherweise Angst, es könnte auch ihnen an den Kragen gehen. Und nun meinen Sie, Herr Zweifli, klauen sie in diesem Zustand, wo sie alle Hoffnung aufgegeben hatten, eine Leiche? Die Jünger fühlten sich doch in ihren Erwartungen enttäuscht. Was sollten sie da mit einer Leiche?

Zweifli: Nun, dann haben sie die Leiche nicht gestohlen, sondern einfach behauptet, Jesus sei auferstanden.

Ostero: Wie herrlich hätte man die Jünger blamieren können! Sie wären im Nu zum Gespött der ganzen Stadt geworden und es wäre nie zu einer christlichen Kirche gekommen. Die Juden hätten doch nur die Leiche hervorzuholen brauchen. Sie konnten es offenbar nicht. Peinlich, nicht wahr? Und weil sie die Predigt der Apostel nicht widerlegen konnten, indem sie die Leiche vorzeigten, deshalb versuchten die Obersten in Jerusalem, ihnen den Mund zu verbieten. Redeverbot, Auspeitschungen, Gefängnis - das war der Lohn, den die Jünger für ihre Auferstehungspredigt erhielten.

Zweifli: Fanatiker sind eben nicht zu bekehren. Das mit der

Auferstehung war so eine fixe, fanatische Idee der Jünger. Sie kamen nicht mehr davon los.

Ostero: Lieber Herr Zweifli, ich weiß nicht, ob Sie wissen, daß die Apostel für diese "fixe, fanatische Idee" - wie Sie sagen - ihr Leben gelassen haben. Die Apostel sind alle eines unnatürlichen Todes gestorben. Und die Römer hatten es bei den Christenverfolgungen ihren Gegnern sehr leicht gemacht. Sie brauchten nur zu widerrufen, und schon waren sie frei. Für ein Lügenmärchen steigt keiner auf den Scheiterhaufen oder in die Arena. Spätestens, wenn sie das Feuer legen, fällt einem die Wahrheit ein. Oder meinen Sie nicht?

Zweifli: Mag schon sein. Aber glauben kann ich es trotzdem nicht. Wer weiß, was die Frauen da am Ostermorgen gesehen haben wollen! Weibergeschichten, Halluzinationen, Wunschträume oder so etwas Ähnliches wird es gewesen sein.

Ostero: Da haben Sie aber gleich einen ganzen Haufen böser Dinge gesagt, Herr Zweifli. Wunschträume waren es gewiß nicht. Es heißt in der Ostergeschichte, daß die Frauen vom Grab geflohen sind, weil sie das Zittern und Zagen bekommen haben. Übrigens: Würden Sie sich denn wünschen, daß mit dem Tod nicht alles aus ist, sondern die Auferstehung und das Gericht kommt? Da kann einen schon die Angst packen! Also von wegen Wunschträume! Wir wollen doch ganz realistisch sein. Den meisten wäre es doch sehr recht, wenn nach dem Tod wirklich die Friedhofsruhe einsetzte und ihr Leben nicht unter den Augen Gottes beleuchtet würde.
Und Halluzinationen: Das ist keineswegs eine Weibersache, wie Sie vielleicht meinen. Wissen Sie, wenn etwas für die Glaubwürdigkeit der Osterberichte spricht, dann gerade dies, daß es Frauen waren, die das Grab leer fanden. Denn Frauen traute man damals nicht viel zu. Vor Gericht beispielsweise war die Aussage eines Mannes immer gewichtiger als die einer Frau. Wenn das Ganze also ein Lügenmärchen sein sollte, dann hätten die angeblichen Lügner

glaubwürdigere Entdecker des Grabes genannt als gerade Frauen. Daß es Frauen waren, spricht gerade für die Glaubwürdigkeit der Berichte!

Zweifli: Aber wie kommt es, daß der auferstandene Christus nicht auch denen erschien, die ihn gekreuzigt hatten? Warum ist er nicht den Hohenpriestern und Schriftgelehrten erschienen, sondern nur seinen Freunden?

Ostero: Da muß ich Ihnen recht geben. Das habe ich mich auch schon gefragt. Aber ich denke mir: Dann hätte er auch vom Kreuz herabsteigen können, als sie riefen: "Steig herab vom Kreuz, so wollen wir dir glauben!" Jesus wollte ihre Liebe, ihr Vertrauen, aber er wollte sie nicht mit einer Sensationstat überrumpeln, daß sie gar nicht anders könnten, als zu glauben. Auch den Jüngern erschien er so, daß man daran zweifeln konnte. Denken Sie an die Geschichte vom zweifelnden Thomas.
Aber noch etwas: Der Hauptgegner der jungen Christengemeinde war Saulus. Er war dabei, als man Stephanus steinigte. Er kämpfte mit aller Macht gegen diese Christensekte. Bis er vor Damaskus von Christus angesprochen wurde: "Saul, Saul, was verfolgst du mich?" Da redete ihn der an, den er für tot glaubte. Damals brachen dem Saulus alle seine schönen Theorien, die er bislang vertreten hatte, zusammen. Aus dem Saulus wurde ein ganz neuer Mensch - eben der Paulus. Auch er hat später für seinen Glauben sein Leben gelassen. Aber ich gebe zu, Herr Zweifli, das alles sind keine Beweise. Ich habe die Erfahrung gemacht: Wenn ich etwas "für wahr" nehme, dann wird es auch mit meiner "Wahrnehmung" besser. Probieren Sie es einmal!

OSTERPREDIGTEN

DAS UNSAGBARE SAGEN
Matthäus 28,1-10

"Was sich überhaupt sagen läßt, läßt sich klar sagen; und wovon man nicht reden kann, darüber muß man schweigen." So sagte der Sprachphilosoph Ludwig Wittgenstein.
Ist Ostern sagbar? Klar sagbar? Oder müßten wir schweigen? Wir kennen unsagbare Freude und unaussprechliches Leid. Aber gerade von diesen Höhen und Tiefen des Lebens reden wir. Wir haben das Bedürfnis, unseren Schmerz anderen mitzuteilen, uns auszusprechen. Wovon das Herz voll ist, davon gehen uns die Lippen über. Freilich ist es oft ein Gestammel. Vielleicht sind es auch nur Wortfetzen oder Umschreibungen, weil man das Eigentliche nicht in Worte bannen kann. Es übersteigt unser Begreifen und unsere Begriffe. Nicht anders erging es wohl den Jüngern und den ersten Zeugen des Ostergeschehens.
Sie waren seit Karfreitag Trauernde, zutiefst in ihrer Hoffnung Enttäuschte. Sie waren verzweifelt und niedergeschlagen und versteckten sich. Der Lächerlichkeit preisgegeben, innerlich ohne Hoffnung - das war die Situation der Jünger. Sie sollten für andere Halt und Stütze, das Licht und das Salz der Welt sein. Nun fühlten sie sich wie hilflose, verlassene Kinder. Und Angst hatten sie obendrein.
Und dann erfahren sie plötzlich eine innere Wandlung. Sie konnten es sich und anderen nicht erklären. Sie versuchten, diese Verwandlung mit Bildern zu beschreiben. Was zuvor feststand wie ein Felsblock, das geriet in Bewegung. Wie bei einem Erdbeben wurde, was zuunterst war, nach oben gekehrt, was innen war, das kam nach außen. Das Grab war leer, der Stein weggerollt, die Totenstarre gebrochen. Der begrabene Tote lebte, und die ihn töteten - die römischen Soldaten - waren, als wären sie tot. Die Mächtigen, die das letzte Wort gesagt und Jesus nach Golgatha hatten schleppen lassen, sind nun stumm. Der Bote Gottes hat das Wort. Die Frauen, die kamen, um sich der Trauer und Erinnerung hinzugeben, ganz dem Toten zugewandt, werden in die entgegengesetzte Richtung geschickt. "Geht nach Galiläa. Dort

wird euch der Lebendige begegnen!"
Totale Veränderung der Situation - das ist Ostern. Der Tod, das Minus schlechthin, wird durchkreuzt. Aus Tod wird Leben. Aus dem Triumph des Todes wird das Lachen des Auferstandenen. Aus verzagten Jüngern werden begeisterte Apostel. Aus Flüchtenden solche, die standhalten. Aus Verstummten solche, die auftreten und öffentlich predigen.
Die Grenzen zwischen Bild und Wirklichkeit sind fließend. Statt an Bilder unsachgemäße Fragen zu stellen, sollten wir uns vielmehr fragen lassen.
Ob es Engel in weißen Gewändern gibt, weiß ich nicht. Mir ist noch keiner begegnet. Aber eines weiß ich: Ein Engel, jemand von außerhalb muß kommen, um mich aus meiner Resignation, aus meiner Versteinerung herauszuholen. Ohne Gottes Eingriff in mein Leben bleibt alles, wie es war.
Es ist nicht wichtig, ob es ein Erdbeben war. Dies aber weiß ich: Ohne Erschütterungen und Krisen in meinem Leben bleibt fast alles im alten Trott, bleibe ich bei meinen Positionen, meiner Routine, meinem Verhalten. Gott muß mich ab und zu kräftig schütteln, wenn ich in Bewegung kommen soll.
Es ist nicht wichtig, ob damals Soldaten wirklich Wache am Grab hielten oder nicht. Eines weiß ich: Ich habe viele Wächter aufgebaut, die Alarm schlagen, wenn sich bei mir etwas total ändern, wenn ich Buße tun soll. Diese Wächter haben ein lautes Organ. Sie rufen: "Du bist nun einmal so. Versuche erst gar nicht, über deinen Schatten zu springen. Es wird dir doch nicht gelingen. Und: Schau doch die anderen an. Sie sind auch nicht besser!" Es stimmt schon: Die Wächter wollen den Toten im Grab festhalten.
Jesus aber will uns hineinziehen in seine Auferstehung. Auferstehung hängt mit Aufstand , mit Protest zusammen. Protest gegen den Tod. Dieser Aufstand, diese Erhebung ist alles andere als Routine, als Friedhofstimmung und Kult um einen Toten. Auferstehung bedeutet: dem Tod wird das Recht, zu herrschen streitig gemacht.
Das Wort Auferweckung erinnert uns daran, daß wir aufwachen sollen. Der ist ein Schlafender, der meint, der Tod sei der Herr. Der ist wie ein Träumender, nicht bei rechtem Bewußtsein, der glaubt, der Tod könnte Gott in die Schranken weisen. Jesus lebt. Und ihr sollt auch leben!

AN DER AUFERSTEHUNG HÄNGT ALLES
Markus 16,1-8

Kein Sterben hat so viel Beachtung gefunden wie das Sterben Jesu. Das Sterben eines Menschen wird in der Regel schnell vergessen oder verdrängt. Aber an Jesu Tod erinnert uns jedes Kreuz, ob auf dem Altar, auf dem Kirchturm oder am Halskettchen.
Aber wir versuchen, die Schrecklichkeit des Sterbens Jesu zu mildern. Wir denken beim Kreuz immer die Auferstehung gleich mit. Das ist auch legitim, denn Gott hat aus dem Galgen den Baum des Lebens gemacht. An Ostern feiern wir mit fröhlichem Singen den Tod des Todes. Ostern ist nicht ohne Karfreitag, Karfreitag nicht ohne Ostern denkbar. Jesu Leiden und Sterben ohne die Auferstehung hätte die Menge der tragischen Ereignisse auf dieser Welt nur um ein weiteres vermehrt, wäre aber sonst ohne Bedeutung. Die Auferstehung gibt erst allem den Sinn.
Eine Witwe hatte mit viel Liebe einen alten Mann gepflegt. Sie bezog nur eine schmale Rente. Die Angehörigen des Mannes kümmerten sich kaum um ihn. Der Pflegebedürftige hatte der Witwe gesagt, sie solle sich keine Sorgen machen, wenn er einmal die Augen schließe, werde sie erben, was er hinterließe. Dann könne sie sorglos leben. Er habe auch alles schriftlich aufgesetzt. Und dann war es eines Tages soweit. Die Frau hatte das Testament auch gefunden und legte es dem Erbschaftsgericht vor. Und dann kam die bittere Enttäuschung. Der Verstorbene hatte sie zwar als Alleinerbin eingesetzt, doch es fehlte seine Unterschrift unter dem Testament. Es wurde nicht anerkannt. Es war wertloses Papier.
So ist es mit Karfreitag. Ohne die Auferstehung ist Karfreitag umsonst. Ohne Ostern wäre Jesus ein Wunderdoktor, aber nicht der Heiland. Ohne Ostern wäre Jesus ein bedeutsamer Prediger gewesen, aber nicht das Wort Gottes selbst. Ohne seine Auferstehung wäre seine Hinrichtung die Folge eines bösen Justizirrtums wie viele andere auch. Ohne Auferstehung wäre das Abendmahl eine schöne Sitte, ein Erinnerungsessen, aber nicht sakramentale Gegenwart des lebendigen Herrn. Ohne Auferstehung wäre das Neue Testa-

ment kein Testament. Es hätte keine Verheißung. Es wäre wertloses Papier, weil die Unterschrift fehlte. Jesu Auferstehung ist die Gültigkeitserklärung durch Gott. Damit ist alles gültig, bestätigt, bekräftigt, beglaubigt, gedeckt durch Gottes Unterschrift. Ostern - davon hängt alles ab.
Wir werden das Geheimnis von Ostern nie lüften. Wie dies möglich war, daß dem Tod das letzte Wort genommen wurde, bleibt uns verborgen. Vielleicht wird uns Gott dieses Geheimnis verraten, wenn wir selbst einmal über die Schwelle des Todes getreten sind. Dann werden wir es erfahren, wie unser Sterben zu unserer neuen Geburt, zur Neuschöpfung vor Gottes Angesicht wird.
Der dies vermag, aus dem Sterben Leben herauszuführen, kann nur einer sein: der Christus Gottes.
Bei den Nürnberger Kriegsverbrecherprozessen war als Zeuge ein Mann, der sich eine Zeitlang in einem offenen Grab auf dem jüdischen Friedhof in Wilna versteckt hatte. Schon öfter hatten Gräber Menschen auf der Flucht Lebensraum gewährt. Denken wir nur an die Katakomben von Rom, in denen sich Christen in Zeiten der Verfolgung versteckten. Auf dem jüdischen Friedhof in Wilna verbargen sich einige Juden, die der Gaskammer entkommen waren. Unter ihnen war auch eine schwangere Frau. Und als es soweit war, brachte sie ihr Kind in einem ausgeschaufelten Grab zur Welt. Der achtzigjährige Totengräber half. Er legte das Kind in ein Leichentuch. Als das Kind seinen ersten Schrei tat, betete dieser alte Mann: "Großer Gott, hast du endlich den Messias zu uns gesandt? Denn wer anders als nur der Messias selbst könnte in einem Grab geboren werden?"
Es gibt kein ewiges Leben, das nicht durch den Tod hindurch müßte. Die wahre Geburt findet deshalb nicht im Bett der Wöchnerin statt, sondern auf dem Sterbebett. Wenn wir bereit sind, unser Leben aus den Händen zu geben, werden wir es neu, von Sünde unverfälscht empfangen. Es gilt die Reihenfolge: Tod und dann Leben. In unserem Bewußtsein herrscht freilich die umgekehrte Reihenfolge: Leben und dann der Tod. Ostern stellt eben alles auf den Kopf, was bis dahin Gültigkeit hatte. Was uns als Ende erscheint, wird durch Christus zum Anfang. Ostern will unser Bewußtsein verwandeln. Wir brauchen uns nicht mehr

von der Vorstellung bestimmen zu lassen, daß unser Leben im Sackbahnhof des Todes endet. Täglich wird uns eingeredet: zuerst jung und fröhlich sein, dann erwachsen werden, das Leben in vollen Zügen genießen, sich seiner Kraft erfreuen, dann sich langsam aus dem pulsierenden Leben zurückziehen, Rentnerdasein, einsamer werden, Gebrechlichkeit und schließlich der Tod. Die Reihenfolge Gottes aber heißt: "Vom Tod zum Leben!". "Christus Jesus hat dem Tod die Macht genommen und das Leben und unvergängliches Wesen ans Licht gebracht" (2. Tim 1,10). Oder: "Wir wissen, daß wir aus dem Tod in das Leben gekommen sind" (1. Jo 3,14).

Weil Gott Gott ist, läßt er sich vom Tod nicht begrenzen. Vielmehr weist Gott den Tod in die Schranken. Ihm ist nur noch gestattet, das der Erde wieder zuzuführen, was für die Ewigkeit untauglich ist: unseren Leib. Gott hat seinen Willen eidlich erklärt. Er will unser Leben, unsere Freude, unsere Liebe. Mit der Auferstehung hat er seine Unterschrift gegeben. An diesen Hoheitsakt dürfen wir ihn erinnern. Es gilt, was Jesus versprach: "Ich lebe, und ihr sollt auch leben" (Jo 14,19).

Ein wenig läßt uns Gott schon hier und jetzt vom Sterben und Auferstehen schmecken. Das Sterben beginnt ja nicht erst, wenn unser Herz still steht. Unser Sterben setzt da ein, wo wir innerlich bereit sind, dieses und jenes aus der Hand zu geben, wo wir den Klammergriff unserer Hände lösen, wo unser Herz loszulassen lernt.

Unsere Auferstehung setzt da schon ein, wo wir anfangen, den Tod auszulachen, wo wir ihm verweigern, uns Angst zu machen, wo wir an ihm vorbei oder durch ihn hindurch sehen auf den, der hinter allem steht: Jesus Christus. Seine Arme sind weit ausgebreitet.

BLEIBE BEI UNS, HERR
Lukas 24,13-35

Zwei Männer gehen mit hängenden Köpfen nach Emmaus. Die Stadt der großen Enttäuschungen wollen sie hinter sich lassen. Sie hatten gehofft, Jesus würde eine neue politische Zeit heraufführen, das seit Jahrhunderten unter Fremdherrschaft leidende Volk Israel endlich befreien. Sie hatten gewissermaßen einen zweiten Auszug aus Ägypten erwartet, bei dem die Feinde schmählich untergingen. Stattdessen aber mußten sie erleben, wie man ihren Herrn mit Schimpf und Schande ans Kreuz hängte. Es kam so ganz anders, als sie gedacht und gewünscht hatten.

Was die Frauen ihnen vom leeren Grab erzählt hatten, das konnten sie nicht für bare Münze nehmen. Mag sein, daß der "Wunsch der Vater des Gedankens" war, daß die Frauen mit ihrer Phantasie zu sehen glaubten, was sie zu sehen wünschten. Diese Geschichte morgens bei Sonnenaufgang am Grab konnten sie nicht ernst nehmen. Nein, dann wollten sie sich lieber eingestehen, mit ihrer Hoffnung enttäuscht worden zu sein, als nun auf diese Wunschvorstellungen erneut hereinzufallen. "Wir aber hofften..." - so gestehen sie es dem fremden Begleiter ein.

Haben wir diesen Satz nicht auch schon einmal gesagt: "Wir aber hofften...., daß nämlich alles doch nicht so schlimm werden würde, daß der Klinikaufenthalt das Übel beseitigen könnte und wir Ruhe fänden." Und dann nahm die Krankheit doch ihren Fortgang.

Oder da hoffte eine Frau, es würde bei dem einmaligen Ausrutscher ihres Mannes bleiben, die Ehe würde sich wieder einrenken. Doch die Macht der Lust war größer.

Die erhoffte Lösung kam nicht - jedenfalls nicht so, wie wir uns das gedacht hatten. Immerhin: der Herr - unerkannt freilich - geht mit den beiden den Weg der Hoffnungslosigkeit. Und die Jünger wurden es noch gewahr, daß ihre Hoffnung nur vordergründig enttäuscht worden war. Was wäre denn gewonnen, wenn Jesus die Römer aus dem Land gejagt hätte? Es hätte sich ein Machtwechsel vollzogen. Aber die Macht wäre Macht geblieben, nur in andere Hände übergegangen. Jesus hatte vielmehr einen ganz anderen

Feind besiegt, den Teufel, den Verkläger, den Feind schlechthin. Dieser Feind will uns vor Gott anschwärzen, ihm die Liste unserer Schandtaten vorhalten und sagen: "Siehe, Gott, solch kümmerliche Menschen sind das. Mir gehören sie. Das mußt du doch zugeben, daß sie für dein Reich nicht taugen!" - "Nein", sagt dann Jesus, "alle Schuldkonten sind durch mein bitteres Leiden am Kreuz getilgt. Der Verkläger hat ausgespielt."
Ist diese Erlösung nicht mehr, als was die Jünger erhofft hatten? Was ist schon die Veränderung politischer Verhältnisse im Vergleich zur Veränderung des Verhältnisses zwischen Gott und uns? Es geht darum, daß wir diesen Herrn der Gnade auf unserer Seite behalten, daß er an unserer Seite bleibt, mit uns geht durchs Leben und durchs Gericht. Und so dürfen wir wie die Emmausjünger sprechen: "Herr, bleibe bei uns; denn es will Abend werden, und der Tag hat sich geneigt." Und dann wollen wir ergänzen: "Herr, bleibe bei uns am Abend des Tages, am Abend des Lebens, am Abend der Welt. Bleibe bei uns mit deinem Trost und Segen, mit deinem heiligen Wort und Sakrament. Bleibe bei uns, wenn über uns kommt die Nacht der Trübsal und Angst, die Nacht des bitteren Todes."
Es heißt von den Jüngern, "sie nötigten ihn", bei ihnen zu bleiben. Es muß einem offenbar sehr ernst damit sein und darf sich nicht auf eine höfliche, einmalige Bitte beschränken. Und dann vollzieht sich ein bemerkenswerter Wechsel: Aus dem Gast wird der Gastgeber. Er wird zum Herrn des Geschehens. Als er ihnen das Brot brach, da wurden ihre Augen sehend. Nicht beim Nachdenken über Gott und die Welt, beim Grübeln über die so rätselhaften Wege Gottes mit den Menschen geschah es, sondern beim Öffnen der Hände. Beim bereitwilligen Empfangen dessen, was Jesus anbietet, kommt es zum Durchbruch des Erkennens. Sie springen auf und wollen den auferstandenen Herrn begrüßen, umarmen, be-greifen. Da aber entzieht er sich ihnen.
Ich vermag dieses Geschehen nicht zu erklären. Aber sollte ich mich deshalb erheben und postulieren: Was ich nicht begreife, das gibt es auch nicht? Muß ich ein zweifelnder Thomas sein? Wenn wir nur für existent halten wollten, was wir sehen können, dann müßten wir an unserem Ver-

stand zweifeln. Oder kann man den sehen?
Jesu Seinsweise nach Ostern unterscheidet sich von seiner Seinsweise davor grundlegend. Wir sprechen von dem Auferstehungsleib. Jesus ist nicht in unser Leben zurückgekehrt. Dann hätte er irgendwann wiederum sterben müssen. Jesu Auferstehung war keine Auferweckung wie die des Lazarus, des Jünglings zu Nain oder der Tochter des Jairus. Jesu Auferstehung ist der Beginn einer ganz neuen, diesem Leben hier entzogenen Seinsweise - ein Leben, das nicht gebunden ist an Raum und Zeit.
Wir können nur hier oder dort sein, in diesem oder jenem Jahrhundert leben. Wir können nicht gleichzeitig an verschiedenen Orten sein. Jesus aber wird gleichzeitig an verschiedenen Orten als der lebendige Herr erlebt. Wo zwei oder drei versammelt sind in seinem Namen, da will er mitten unter ihnen sein. Und an wievielen Orten wird gleichzeitig mit uns Gottesdienst gefeiert! Keiner von uns kann aus seinem Zeitrahmen aussteigen. Wir leben fest eingegrenzt zwischen dem Datum unserer Geburt und unseres Todes. Jesus aber hebt diese Begrenzungen auf.
Daß mit dem Tod auch unsere Zeit stirbt, daß es dann kein Nacheinander mehr von Vergangenheit, Gegenwart und Zukunft gibt, sondern alles in eins fällt, das erahnten die Menschen offenbar schon sehr früh. Deshalb hielten sie die Uhr an, wenn jemand im Haus gestorben war. Jenseits des Todes sind unsere Zeitbegriffe überholt. "Jesus, gestern und heute und derselbe auch in Ewigkeit" - so können wir nur sprechen, wenn wir dies glauben, daß es nach der Auferstehung keine Vergänglichkeit, kein Werden und Vergehen mehr gibt. Als Jesus vor seinen Jüngern in Emmaus verschwand, wurde dies deutlich. Er ist ungebunden an Raum und Zeit.
Nun mag jemand fragen: "Wenn Jesus lebt und nicht gefesselt ist an Raum und Zeit, wie kann ich ihn dann erfahren? Wie ist er bei uns?" - Jedenfalls ganz anders, als ein Mensch bei uns sein kann: sichtbar, fühlbar, hörbar, greifbar. Ich möchte dreierlei Weisen nennen, wie wir der Gegenwart Jesu gewiß werden können.
Da ist einmal die Erinnerung. Nehmen wir dieses Wort wörtlich: Er-innerung. Wir nehmen ihn in unser Inneres, ins

Innerste, in unser Herz, in unser Lebenszentrum. Wenn wir uns eines lieben Menschen erinnern, dann steht sein Bild vor unseren Augen. Er ist dann zwar nicht greifbar da, aber doch so, daß er uns in unseren Gefühlen, unserem Denken und Tun mitbestimmt - oftmals sogar stärker, als zu der Zeit, in der er noch unter uns weilte. Wer meint, solche Erinnerung sei doch ein bißchen wenig, dem möchte ich sagen: Das ist nicht alles. Aber dieses Wenige, Jesus in sein Lebenszentrum aufzunehmen, ist sehr viel, wenn es uns nur recht gelingt.

Die Gegenwart Jesu läßt sich ferner in Mitmenschen entdecken. Wie die Emmausjünger erkennen wir diesen "Incognito-Jesus" oft nicht. Lassen wir uns an sein Wort erinnern: "Was ihr getan habt einem von diesen meinen geringsten Brüdern, das habt ihr mir getan" (Mt 25,40).

Der Dichter Werner Bergengruen berichtete von einem Erlebnis in Rußland, als er dort 1919 auf der Flucht in einem Dorf nach Lebensmitteln suchte. Eine alte Bäuerin sagte zu ihm: "Ich habe einen Sohn in deutscher Gefangenschaft, von dem ich nichts weiß. Ich werde jetzt denken, du bist dieser Sohn." Und dann umarmte sie ihn und beschenkte ihn reichlich.

Wenn wir doch öfter auch so denken würden im Umgang mit anderen Menschen: Ich will jetzt denken, in diesem Menschen steht Jesus vor mir. Wir würden ihn sicherlich anders behandeln. Von der Lebendigkeit Jesu unter uns wäre mehr zu spüren!

Schließlich möchte ich noch das Gebet nennen. Wer es ernst und treu übt, wird nicht ohne Antwort des lebendigen Herrn bleiben. Es wird ihm zur Gewißheit werden: Jesus lebt. Und er wird dann und wann ein "Brennen in seinem Herzen" spüren, nämlich die Gewißheit: "Ich bin gemeint!"

Und dann wird es ihm gehen wie den Emmausjüngern: Aus dem schleppenden Gang werden schnelle, beflügelte, hoffnungsvolle Schritte. Die Gewißheit wird ihn bestimmen: Der Herr, der den Tod überwand, ist mit mir. "Herr, bleibe bei uns!"

WARUM WEINST DU ?
Johannes 20,1-18

Die Auferstehungsberichte der Bibel sind intime Berichte. Sie reden in einer Sprache, die mehr andeutet, als sie sagt. Es ist eine Sprache, die nicht Fakten konstatiert, wie dies ein Polizeibericht tut, sondern die Erfahrungen anspricht, die wir selber machen können. Es ist eine Redeweise, die ihrerseits Sprache - nämlich unsere Antwort - herausfordert.

Der Sabbat ist vorüber. Der erste Wochentag ist angebrochen. Maria Magdalena geht vor Sonnenaufgang zum Grab Jesu. Was mag sie dorthin führen? Nun, was treibt uns schon auf den Friedhof? Es ist die Erinnerung, das Bedürfnis, dem geliebten Menschen nahe zu sein - und wenn es nur noch die sterblichen Überreste sind.

Die Vergangenheit steht nochmals auf. Man will Gewesenes vergegenwärtigen, auch wenn die Erinnerung von Jahr zu Jahr blasser wird. Vergangenes neu in die Gegenwart zurückholen und damit die Liebe zum Ausdruck bringen, das steht wohl hinter dem Gang zum Grab.

Maria erschrickt. Der Stein ist weggerollt. Das Symbol des Unabänderlichen, des Endgültigen ist in Frage gestellt. Ist der Tod doch nicht unabänderlich, unüberwindbar ? Wenn eine fest verschlossene Tür aufgebrochen ist, denkt man schlicht an Einbruch. Diebstahl ist keine überirdische, sondern eine sehr irdische Möglichkeit. Welche Gemeinheit! Erst diese fürchterliche Kreuzigung, und nun lassen sie nicht einmal dem Toten seine Ruhe, sondern treiben Leichenraub. Entsetzt läuft Maria Magdalena zu Petrus und den anderen Jüngern. Zwei von ihnen machen einen recht seltsamen Wettlauf zum Friedhof. Die Leichentücher, die sie finden, sind säuberlich zusammengelegt. Das spricht gegen Leichenraub. Das machen keine Räuber. Was aber dann, wenn es kein Raub ist? Das Rätsel bleibt ungelöst. Die Jünger gehen wieder heim. Das leere Grab ist ihnen keine Antwort - wie so vielen anderen bis auf den heutigen Tag. Im Gegenteil: Das leere Grab weckt Fragen, macht verwirrt, macht sprachlos.

Als Maria Magdalena wieder zum Grab kommt, sind die beiden Jünger schon wieder fort. Wer hält es auch schon

lange bei einem rätselhaften Grab aus? Da brechen doch Fragen auf, die Angst machen. Wenn mit dem Tod nicht alles aus sein sollte, dann kann das nicht ohne Folgen für das Leben sein. Maria Magdalena steht vor dem großen schwarzen Loch und weint. Was soll sie mit einem Loch, mit einem Nichts anfangen? Sie wollte sich ihrer Erinnerung an Jesus hingeben. Und jetzt ist er nicht mehr da - weder tot noch lebendig. Selbst die Erinnerung scheint man ihr nicht zu gönnen.
Oder soll Maria lernen, daß es eine Unmöglichkeit ist, sich an Gott zu erinnern? Ein Gott, an den man sich nur noch erinnern kann, war doch nie Gott gewesen - oder? Ein Gott, der nicht heute genauso Gott ist, wie er gestern Gott war und es in Zukunft sein wird, wäre kein Gott. Ein Gott, der sich vom Tod auslöschen ließe, wäre nie Gott gewesen. Ein solcher Gott war nie lebendig. Einen solchen gibt es nicht.
"Warum weinst du?" - so wird Maria Magdalena gefragt. In der Tat: Ist ein toter Gott noch eine Träne wert? Sollte man nicht schleunigst die Gottesdienste in Todesdienste abändern?
"Warum weinst du?" Das heißt doch: Entweder ist Gott tot, dann stell das Weinen ein. Oder er lebt. Dann solltest du lachen.
Maria aber weinte. So groß ist der Schmerz der Trennung. So sehr hängt sie an ihrer Erinnerung. Ihre Antwort: "Sie haben meinen Herrn weggenommen, und ich weiß nicht, wo sie ihn hingelegt haben." Noch immer sucht sie nach einem Erinnerungsgegenstand, nach etwas, woran ihr Schmerz sich klammern kann. Noch immer schaut sie in das finstere Loch des Todes. Aber im Loch des Nichts gibt es nichts zu finden. Jetzt, als sie merkt, daß der Tod nichts hergibt, um ihren Schmerz zu stillen, wendet sie sich um. Jetzt sieht sie jemanden, der schon die ganze Zeit hinter ihr stand. "Der Friedhofsgärtner" - so denkt sie. Und sogleich ihre Frage: "Sage mir, wo du ihn hingelegt hast; dann will ich ihn holen." Noch immer ist sie auf den toten Jesus fixiert. Ihr Schmerz macht sie blind für den lebendigen Christus. Wie gibt sich Jesus zu erkennen? Er sagt nicht: "Darf ich mich vorstellen? Ich bin Jesus von Nazareth." Nein, er

sagt nur: "Maria!" Er nennt sie beim Namen, ihrem Persönlichsten. Das ist das Geheimnis: Nicht wir erkennen Christus als den Lebendigen, sondern er erkennt uns Leben zu. Nicht wir rufen ihn beim Namen, und er wird, sondern er ruft uns, und dann sind wir. So war es bei der Schöpfung, bei unserem Werden, und so wird es dereinst sein, wenn der Tod nach uns greifen wird. Er ruft uns dann und gibt sich damit zu erkennen. Nicht dank unserer Mühe erkennen wir, daß Jesus auferstanden ist, sondern Jesus gibt sich zu erkennen, indem er uns beim Namen ruft, uns da trifft, wo wir sind und wer wir sind. Jesus stößt in unser Zentrum vor. Er gibt uns zu verstehen, daß wir ihm keine Unbekannten sind. Wenn wir diesen Anruf vernehmen, gehen uns die Augen auf. Er selbst muß sie uns öffnen. Dann können wir mit Maria Magdalena sagen: "Ich habe den Herrn gesehen."
Verständlich, daß sie nun die Arme ausbreitet, um ihn zu umarmen. Wer würde den lebendigen Christus nicht festhalten wollen? Groß und schmerzhaft sind die Erfahrungen mit dem schweigenden, rätselhaften Gott, so daß man ihn dingfest machen, umklammern möchte, wenn man den Sieger über den Tod zu fassen kriegt.
Jesus aber weist dieses Ansinnen zurück. "Rühre mich nicht an!" Er läßt es nicht zu, daß man seiner habhaft wird, mit ihm hantiert wie mit einem Gegenstand, den man vorweisen und demonstrieren kann. Er will den Glauben und unser Vertrauen. Er bleibt im Wort. So wird Maria angewiesen, die Auferstehung ihres Herrn den anderen weiterzusagen. Sie geht hin. Sie wendet sich vom Grab weg. Nun läßt sie endlich Erinnerung Erinnerung sein. Sie ist überholt vom Leben. Sie wird an die Lebenden gewiesen. Ihnen den lebendigen Christus zu verkündigen, das ist wichtiger, als über ein leeres Grab zu rätseln und Theorien zu wälzen. Sich von Christus beim Namen gerufen wissen - so wie es dann später dem Saulus vor Damaskus widerfuhr - das ist das Entscheidende.
In der Versöhnungskirche des Konzentrationslagers Dachau ist ein sehr merkwürdiges Kruzifix. Das Kreuz, an dem Jesus hängt, wird nicht aus zwei Balken gebildet, sondern es entsteht durch die Zwischenräume von vier quadra-

tischen Blöcken. In diese Spalten hinein ist Jesus gezwängt, als würde er von den Blöcken zermahlen. Die vier Blöcke lassen den Betrachter an die vier Himmelsrichtungen denken. Die Welt ist in Nord und Süd, in Ost und West gespalten. Konflikte prägen das Angesicht dieser Erde. Alle Teile der Welt scheinen Jesus in gleicher Weise zerquetschen zu wollen. Ein Kruzifix, das die Übermacht der tödlichen Elemente dieser Welt darzustellen scheint. Doch dieses Kreuz sagt auch etwas anderes: Jesus ist die Mitte - gepreßt und geschunden - und sprengt alles auseinander. Er ist wie Dynamit. Es gibt keinen Stein, der zu schwer wäre, als daß er ihn nicht zum Rollen brächte. Der Stein ist vom Grab weg. Jesus sprengt die Fesseln des Todes.
"Warum weinst du?" - so wurde Maria Magdalena gefragt. Auch uns wird diese Frage gestellt, denn wir werden eingeladen zur Freude. Jesus nennt uns bei unserem Namen. Wir dürfen uns abwenden von der finsteren Grabeshöhle unseres Lebens und uns dem lebendigen Christus zuwenden.

DEN AUFERSTANDENEN BEGREIFEN
Johannes 20,19-29

"Wer nicht hören will, muß fühlen!" Wir meinen damit: Wer auf einen guten Rat nicht hört, muß durch Schaden klug werden. Manche Erkenntnis erlangen wir nur durch schmerzhafte Erfahrung. Daß der Ofen heiß ist, das hat das Kind erst begriffen, wenn es an ihn gegriffen hat. Wer dem Wort der Erfahrenen nicht traut, wird in der Regel Lehrgeld zahlen müssen. Vertrauen wäre klüger.
Thomas wollte oder konnte nicht vertrauen. Er sagte: "Wenn ich nicht in seinen Händen die Nägelmale sehe und meinen Finger in die Nägelmale lege und meine Hand in seine Seite, kann ich's nicht glauben."
Das können wir verstehen. Auch wir werden vom Zweifel geplagt. Wir möchten gerne sehen. Unseren Augen zu glauben, liegt uns mehr, als auf einen unsichtbaren Auferstan-

denen zu vertrauen. Wie Thomas stellen auch wir Gott Bedingungen: "Ich werde glauben, wenn mich Gott wieder gesund werden läßt..., meine Probleme löst..., mir ein glückliches Leben gewährt..., meine Ehe wieder in Ordnung bringt..." Wir gehören zur skeptischen Generation.
Das Erstaunliche: Obwohl es im höchsten Grade anmaßend ist, Gott Bedingungen stellen zu wollen, verwirft uns Gott nicht. Jesus sagt nicht: "Dieser Thomas muß aus dem Kreis meiner Jünger ausgeschlossen werden." Nein, er zeigt Thomas sogar seine Wundmale. Er wird allerdings getadelt, bzw. die Glaubenden werden glücklich gepriesen: "Selig sind, die nicht sehen und doch glauben."
Jesus will damit sagen, wir sollten unsere Augen nicht so wichtig nehmen. Es gibt Sinnestäuschungen. Wer Jesus leibhaft sehen würde, der hat noch keinen hundertprozentigen Beweis. Er müßte erst noch nachweisen können, daß er keiner Sinnestäuschung zum Opfer gefallen ist. Wir überschätzen unsere Augen. Dabei wissen wir genau, daß wir vieles nicht sehen, was dennoch da ist. Am Tage sehen wir die Sterne nicht, weil wir von der Sonne geblendet werden, und doch sind sie da.

"Seht ihr den Mond dort stehen?
Er ist nur halb zu sehen
und ist doch rund und schön!
So sind wohl manche Sachen,
die wir getrost belachen,
weil unsre Augen sie nicht sehn."
(Matthias Claudius)

Mit dem Hören, Riechen und Schmecken ist es nicht viel besser. Es sind wunderbare, aber beschränkte Fähigkeiten. Viele Tiere können beispielsweise besser riechen, hören und sehen als der Mensch.
Also, lieber Thomas von heute, wer nicht hören will, muß zweifeln. Und mit dem Zweifel dauernd leben, an allem zweifeln, was man nicht beweisen kann, ist sehr anstrengend. Es ist unerträglich. Wir können nicht alles überprüfen. Im Umgang miteinander sind wir ständig auf Vertrauen angewiesen. Wir vertrauen darauf, daß der Architekt und die Bauleute dieser Kirche keinen Fehler gemacht haben, daß die Statik stimmt und die Decke nicht ein-

stürzt. Oder wollen wir es prüfen, ehe wir den Raum betreten?
Jesus zeigte dem Thomas seine Nägelmale. Diese Wundmale sollten ihm zu Merk-malen werden. "Merk-mal, Thomas! Du kannst mich daran erkennen, daß ich die Leiden dieser Welt auf mich nehme. Daß ich lebendig unter euch bin, das kannst du an denen ablesen, die sich den Leiden dieser Welt zuwenden."
Spuren Jesu müßten also zu finden sein.
Zwei Afrikaner unterhalten sich über Gott. Der eine kann nicht an Gott glauben, weil er ihn noch nie gesehen hat. Da führt ihn der andere vor seine Hütte und zeigt ihm die Spuren eines Löwen. "Hier war ein Löwe. Du siehst ihn nicht, aber du kannst die Spuren erkennen, die er hinterlassen hat. Auch Gott können wir nicht sehen. Aber die Spuren, die er in unserem Leben hinterläßt, die können wir sehr wohl wahrnehmen."
Spurensucher müßten wir also werden! Und dabei dürfen wir nicht nur unsere Augen in Anspruch nehmen. Wir haben noch andere Sinnesorgane. Ein Blinder kann es uns lehren. Er sieht die Sonne nicht und bemerkt doch ihre wärmenden Strahlen. Jesus kam dem Sehbedürfnis des Thomas entgegen. Aber er fordert dazu auf: Thomas, entwickle eine andere Energie, um Gott wahrzunehmen, die Energie des Glaubens! Um ein Gewicht hochzuheben, brauche ich Muskelkraft. Um einen Wagen einen Berg hinaufzudrücken, brauche ich Schubkraft. Nichts in der Welt bewegt sich ohne bewegende Kraft. Aber ist die Muskelkraft die einzige Energie, die etwas bewegt? Bewegt die Energie des Glaubens und Vertrauens etwa nichts?
Wenn zwei Menschen aufeinanderzugehen, wenn sie Vertrauen zueinander fassen, dann hat das kaum etwas mit Muskelkraft zu tun, sondern mit Vertrauen und Zuneigung, mit Kräften des Herzens. Was kann ein ermutigendes Wort nicht alles in Bewegung setzen! So wie ein gehässiges, kränkendes Wort eine Beziehung abtöten kann, so kann ein vertrauensvolles Wort Gemeinschaft ermöglichen und Hoffnung wecken. Gute Worte, freundliche Gesten, wohlwollende Blicke können einen Menschen beflügeln. Jedes Fußballspiel beweist es, was anfeuernde Rufe, aber auch

Pfiffe bewirken können. Muskelkraft ist sicher wichtig. Doch wir sind wie gelähmt, wenn uns nicht etwas anderes bewegt: die Kraft des Glaubens und des Herzens, die Energie der Liebe und der Vergebung.

Jesus sandte seine Jünger aus. Sie bekamen den Heiligen Geist zugesprochen und wurden bevollmächtigt, einander zu vergeben. Dies ist eine der deutlichsten Spuren Gottes in unserem Leben, wenn uns Vergebung widerfährt, wenn uns ein Mensch die Hand hinstreckt oder seine Arme ausbreitet, obwohl er Grund hätte, sich abzuwenden und die Hand zur Faust zu ballen. Wo Vergebung erfahren wird, da begegnen wir der Güte und Barmherzigkeit Gottes. Aus eigener Kraft sind wir nicht in der Lage, zu vergeben. Wenn es uns gelingt, dann wachsen wir über uns hinaus. Oder besser gesagt: Da wächst Jesus in uns heran und nimmt Gestalt an. In der Vergebung sehen wir Gottes Spuren.

Als 1945 unser Volk buchstäblich am Boden zerstört war, da haben die Kirchen etwas sehr Wichtiges getan. Sie haben das "Stuttgarter Schuldbekenntnis" gesprochen. Daraufhin wurden die ausländischen Hilfsorganisationen aktiv. Die Care-Pakete kamen. Das Bekenntnis der Schuld war die Voraussetzung zur Bereitschaft zur Vergebung. Und selbst die Aussöhnung mit dem "Erbfeind" wurde möglich. Viele Jahre später war es die Ost-Denkschrift, welche die Versöhnung mit Polen vorbereitete. Es war die Geste von Willy Brandt, sein Kniefall in Warschau, der die Bitte um Vergebung signalisierte. Wenn es doch jemand gäbe, der solch ein Zeichen gegenüber Rußland setzen könnte!

Sünden erlassen, das beginnt damit, daß ich mir verbiete, mich über den anderen zu erheben, mich zu entrüsten und an seiner Schlechtigkeit zu weiden. Das sind Spuren Gottes in unserer Gemeinde, wenn von dem Geist der Vergebung etwas zu spüren ist.

Viele Menschen fragen wie Thomas nach solchen Spuren des Auferstandenen in unserer Mitte. An uns liegt es, ob der Auferstandene gefunden wird. An uns will man sehen, ob der Auferstandene in uns lebendig ist. Gott helfe uns dazu!

VERTRAUEN LOHNT
Johannes 21,1-14

Der Alltag hat sie wieder. Petrus, der Wortführer unter den Jüngern, spricht: "Kommt, laßt uns fischen gehen!" Das ist die Aufforderung, sich dem Alltag zu stellen, sich der Mühe des Broterwerbs zu unterziehen. Mit und ohne Osterglaube: Die alltägliche Arbeit will getan sein und fordert ihren Schweiß. Bei dem einen ist es das Auswerfen, Einholen und Reinigen der Netze, bei anderen ist es das Bettenmachen, Staubwischen, Kochen und Einkaufen, oder es ist der Aktenstoß auf dem Schreibtisch, das Klingeln des Telefons oder das Bedienen der Kunden. Und nicht selten ist Mißerfolg das Ergebnis der Arbeit.
"Und in dieser Nacht fingen sie nichts." Man sieht nicht immer, was man geschafft hat. Manchmal muß man lange warten, bis man einen Erfolg merkt, ein anerkennendes Wort hört. Erfolge, meßbare Leistungen, Aufschwung, Steigerung, Konjunktur - das sind Worte, die wie Peitschenhiebe wirken können. Auch in der Kirche wird gelegentlich nach der Effizienz der Betriebsamkeit gefragt.
Der Evangelist Johannes analysiert nicht, wieso und warum Petrus und seine Freunde in dieser Nacht erfolglos fischten. Er stellt einfach fest: Das Leben ist manchmal so. Erfolglosigkeit gehört dazu. Viel guter Wille geht ins Leere. Wir stehen dem Mißerfolg ohnmächtig gegenüber. Nicht immer ist etwas vom Frühlingserwachen und neuer Vitalität zu spüren, sondern lähmende Resignation überfällt uns wie seinerzeit die Jünger.
In dieser Situation, im Morgengrauen am See Genezareth, steht plötzlich Jesus den Jüngern gegenüber. Aber sie erkennen ihn nicht. Jesus trägt kein Zeichen an der Stirn. Er begegnet den Jüngern als einer, der Hunger hat. "Kinder, habt ihr nichts zu essen?" Jesus erzählt nichts vom Jenseits oder wie toll das mit seiner Auferstehung geklappt hat. Er ist ganz mit seinem knurrenden Magen beschäftigt. Und die Jünger, die Vertreter der Kirche, müssen eingestehen, daß sie nichts haben. Nicht einmal die elementarsten Bedürfnisse können sie stillen. Die Kirche steht da mit leeren Hän-

den. Ausgerüstet mit Hilfswerkzeugen, Booten und Netzen, vermag das Arbeitspersonal Gottes nichts zu bieten, wonach einer hungert. Es gibt keine kirchlichen Gefriertruhen und Kornspeicher, die man nur zu öffnen bräuchte, wenn jemand danach verlangt.
Jesus sagt: "Werft das Netz aus!" Die Jünger wußten, daß dies eine unsinnige Aufforderung war. Wer wirft schon am hellen Tag, wo die Fische den Schatten des Bootes und des Netzes sehen, die Netze aus? Nachts konnte man Hoffnung auf Erfolg haben, aber nicht am Tage! Dieser Mann, den sie nicht erkennen, scheint keine Ahnung zu haben von ihrem Handwerk, das sie verstanden. Aber Jesu Wort hatte offenbar solch eine zwingende Macht, daß die Jünger gehorchen. Sie werfen die Netze aus. Ihr Vertrauen gegen allen Augenschein war eben Vertrauen, das nicht nach Sicherheiten und Garantien fragt. Solches Vertrauen wird nicht enttäuscht. Es stimmt schon: Wer wagt, gewinnt. Ohne Einsatz kein Gewinn. Vertrauen ohne Risiko wäre kein Vertrauen. Glaube ohne die Möglichkeit des "Umsonst" wäre kein Glaube. Jesus verlangt mit seinem Befehl "Werft das Netz aus!", daß die Jünger an die Möglichkeit des Unmöglichen glauben - zumindest an die Möglichkeit des Unwahrscheinlichen.
Daß Gott in einem Menschen erscheinen kann, daran gilt es zu glauben. Dies ist das Verblüffende: Der Auferstandene erscheint in einem Mann, der Hunger hat. Die Lebendigkeit des Auferstandenen ereignet sich da, wo man es nicht vermutet.
Und dann holen sie den großen Fang an Land. Seltsam, daß die Zahl 153 genannt wird. Sollte man in dieser Situation wirklich die Muße gehabt haben, Fische zu zählen? Mit der Nennung dieser Zahl muß es etwas anderes auf sich haben. Solch eine Zahl ist nicht von ungefähr. Sie hat symbolische Bedeutung, wie das Netz selbst als das "Netz der Kirche" verstanden werden kann. Hatte Jesus seine Jünger nicht beauftragt, Menschenfischer zu sein? Im See Genezareth soll es 153 verschiedene Fischsorten gegeben haben. Dann wäre also gemeint: Das Netz der Kirche soll voll werden und zwar voll mit einer sehr bunten Gesellschaft. Nicht der "Einheitsfisch" ist gemeint, sondern die Vielfältigkeit. Alle

Sorten haben in der Kirche einen Platz. In ihr sind die Vornehmen und Asozialen, die Reichen und die Armen, die Studierten und die Ungelernten, die Konservativen und die Progressiven, die Linken und die Rechten willkommen. Da ist keiner, der eine Sorte aussortieren und ins Wasser zurückwerfen dürfte.

Erstaunlich ist: Von diesem Netz heißt es, daß es nicht zerriß. Es grenzt schon an ein Wunder, daß unsere so oft geschmähte Volkskirche noch nicht zerbrochen ist. Sicher gibt es in ihr einige Risse und Sprünge. Und dennoch: Was oft als Schwäche der Kirche erscheint, daß nämlich auch die Gleichgültigen in ihr einen Platz finden und nicht hinauskomplimentiert werden, könnte gerade ihre Stärke sein. Sie ist kein einheitliches Gebilde, sondern eine sehr bunte Gesellschaft.

Nachdem die Jünger dieses Netz ans Land gebracht haben, werden sie zum Mahl eingeladen. Der hungrig war und dem sie nichts zu essen geben konnten, wird nun plötzlich zum Gastgeber. Er ist auf ihre Fische nicht angewiesen. Das will sagen: Das Mahl ist nicht das Ergebnis unserer Mühe. Es ist stets freies Geschenk. Der Auferstandene will sie stärken und sie gewiß machen, daß er leibhaftig auferstanden ist. Darum ißt er mit ihnen. Und dann wird er ihnen wenig später den Auftrag geben, nicht nur dafür zu arbeiten, daß das Netz voll wird, sondern sich um die Pflege derer zu kümmern, die in diesem Netz sind. Dann freilich sagt er es mit einem anderen Bild zu Petrus: "Weide meine Schafe!"

Wo wir im Vertrauen auf seine Zusage an die Arbeit gehen, wird das Netz nicht leer bleiben. Wir werden eingeladen an den Tisch der Unterschiedlichen, um mit dem Herrn vereint im Mahl zusammenzuwachsen zu seiner Jüngerschaft.

MIT JESUS AUFERSTEHEN
1. Korinther 15,1-11

Ohne Ostern wäre Karfreitag nur eine unter vielen menschlichen Katastrophen. Ohne Ostern hätten sich die Jünger bald verlaufen und aus den Augen verloren. Ohne Ostern wäre das Neue Testament nie geschrieben worden und würden wir nicht Weihnachten feiern. Ohne Ostern würden wir keine Kinder taufen und keine Jugendlichen konfirmieren. Auf unseren Gräbern stünden keine Kreuze. Ohne Ostern würden wir uns noch immer mit der Frage herumschlagen: Wie können wir die germanischen Götter besänftigen und durch Opfergaben gütig stimmen? Ohne Ostern wäre das Abendland nicht christlich. Mit einem Satz: Ohne Ostern wäre die Geschichte ganz anders verlaufen.

Wie immer wir uns die Auferstehung vorstellen mögen, und wie dunkel die Umstände des Hergangs sind - es bleibt ein unbestreitbares Faktum: Ostern hat die Welt verändert. Es gibt kein anderes Ereignis der Weltgeschichte, das so weltweite Wirkungen gezeigt hätte.

Daß aus den geflohenen, enttäuschten und verzagten Jüngern eine Missionstruppe wurde, die bereit war, ihr Leben zu lassen für den auferstandenen Christus, das kann wohl kaum auf ein Hirngespinst zurückzuführen sein. Wenn aus verzagten und ungebildeten Männern plötzlich Leute werden, die voller Eifer in aller Öffentlichkeit diese unglaubliche Botschaft vom Auferstandenen weitersagen, dann muß da eine Kraft am Werke sein, die nur als Aufstand aus der Todesstarre, als ein Lebendigwerden des Christus in diesen Männern verstehbar wird.

Wenn die Auferstehung Jesu, das leere Grab, nur ein historisches Faktum wäre, so könnte man darauf achselzuckend fragen: "Na und?" Die Weltgeschichte wäre nur um ein Mirakel reicher als vorher. Wenn die Auferstehung nur ein dogmatisches Problem wäre, von gelehrten Leuten formuliert und begründet, so könnten wir ebenfalls achselzuckend fragen: "Und was bringt das?" Was nützt uns eine Wahrheit, die nicht unser Leben berührt und verändert? Thesen sind schon viele aufgestellt worden, gut und schlecht formulierte, plausible und weniger einsichtige. Wenn die Auferstehung Jesu nicht diese verwandelnde Kraft hat, die sie offenbar an den Jüngern bewiesen hat, dann bleibt sie fremd und abstrakt. Aus dem Saulus wurde ein Paulus, weil ihm der auferstandene Herr vor Damaskus begegnete und ihn ansprach:"Saul, Saul, was verfolgst du mich?" Und aus dem zweifelnden Thomas, der nicht glauben wollte, wenn er nicht zuvor die Nägelmale des Herrn gesehen hätte, wurde ein gläubiger Thomas. "Selig sind, die nicht sehen und doch glauben." Die Auferstehung Jesu ist eine Kraft, die zu verändern vermag. Sie steckt an und nimmt mit hinein in diesen Aufstand Jesu gegen den Tod und die Macht der Sünde.

Wie wir von der Auferstehung denken, zeigt sich daran, wie wir von unserem eigenen Leben und Sterben denken und reden. Was würden Sie antworten, wenn man Sie fragte: "Was würden Sie tun, wenn Sie nur noch einen Tag zu leben hätten?" Junge Menschen wurden einmal so gefragt. Die Antworten waren etwa so: Einige wollten sich betrinken, um der Realität im Rausch zu entfliehen. Andere wollten ihre Freunde und Verwandten zusammenrufen, um sich von ihnen zu verabschieden und um Verzeihung zu bitten. Wieder andere würden sich schnell noch einen lang gehegten Wunsch erfüllen.

Aus solchen Antworten kann man erkennen, was die jungen Leute im Innersten bewegt. Da ist zuerst die Angst vor dem Tod und dem Sterbenmüssen. Der Tod wird als etwas Fremdes empfunden, etwas, dem man am besten durch den Rausch entflieht und ohne klares Bewußtsein begegnet. Wir würden eventuell nicht so kraß antworten, aber haben nicht viele unter uns den Wunsch, der Tod möge sie am besten im Schlaf überraschen? Ist das nicht im Grunde dasselbe? Weil der Tod etwas Ängstigendes ist, flüchten sehr viele Menschen in irgendwelche Vergnügungen, um möglichst lange von ihm abgelenkt zu werden und nicht an ihn denken zu müssen.

Man könnte es paradox so formulieren: Ihnen ist der Tod viel zu lebendig. Der Tod ist ihnen eine so bedrohliche Macht, daß er ihnen schon das Leben zu töten vermag. Ist denn von Todesfurcht gezeichnetes Leben Leben zu nennen? Hat da der Tod seine Herrschaft nicht längst ange-

treten? Das ist vom Tod gezeichnetes Leben. Seit Ostern aber soll das Umgekehrte gelten: Der Tod ist vom Leben gezeichnet. Er ist von dem besiegt, der von sich sagte: "Ich bin die Auferstehung und das Leben."
Es wäre Selbstbetrug, wollten wir den Tod leugnen. Ignoranz ist noch nicht Glaube an den Auferstandenen! Wir nehmen dem Tod seine Macht vielmehr, indem wir ihn annehmen und gelten lassen. Jawohl, dieser Leib ist eines Tages überflüssig und abgenutzt. Für die Ewigkeit ist er unbrauchbar. Dieser Leib hat keinen dauerhaften Bestand. Der Tod wird ihm ein Ende machen. Aber zugleich gilt: Die Auferstehung wird dem Tod ein Ende machen. Kaum ist er da, so muß er uns schon wieder freigeben, hindurchlassen zu dem, der uns bei Gott empfangen will: Christus. Der Tod ist nicht Daueraufenthalt, sondern Durchgang. Nicht die Lebenden müssen den Tod fürchten, sondern der Tod muß das Leben fürchten! Der Tod darf ausgelacht werden!
In jedem Boulevardblatt, in jeder Sensationsnachricht macht der Tod ein großes Geschrei, als wolle er auf sich aufmerksam machen: "Hier bin ich! Seht, wie mächtig ich bin!" Wir aber dürfen antworten: "Jawohl, dich gibt es. Wir sind ja nicht blind. Wir sehen nur weiter, über dich hinaus. Wir sehen, daß hinter dir der erbarmende Gott steht. Wir vertrauen darauf, daß Gott Gott ist, daß er deshalb stärker ist als Tod und Teufel."
Was mit den Frauen am Ostermorgen geschah, was Paulus vor Damaskus erlebte, was in den Jüngern vor sich ging, als der auferstandene Christus ihnen erschien, das kann man nur als Erschütterung höchsten Grades beschreiben. Die Bastion des Todes kam ins Wanken.

"Nur was erschüttert, kann uns auch bewegen.
Was uns bewegt, nur das kann uns verwandeln.
Nur was uns wandelt, wird uns selbst zum Segen.
Nur die er segnet, ruft sich Gott zum Handeln.
Drum bete, Mensch, und bitt mit Furcht und Zittern,
Gott mög dein Herz - es sei durch Lust und Freuden,
durch Tod und Leben und durch Last und Leiden -
daß er dich segne, bis zum Grund erschüttern!"

(Arno Pötzsch)

GLAUBE AN DIE AUFERSTEHUNG
GLAUBE AN DEN AUFERSTANDENEN
1. Korinther 15,1-11

Glauben wir an die Auferstehung oder an den Auferstandenen? Das ist nicht nur eine spitzfindige Frage. An dieser Frage können sich die Geister scheiden.
Anders formuliert: Glauben wir, daß das Grab leer war, daß die Überlieferung stimmt, oder glauben wir, daß Jesus lebt? Das kommt nicht auf das Gleiche heraus! Das Erstere wäre Glaube an die Glaubwürdigkeit der Berichterstatter. Das Zweite wäre Glaube an den Auferstandenen selbst.
In unserem Predigttext ist von beidem die Rede. Im ersten Teil spricht Paulus von der Tradition, von dem, was ihm überliefert und erzählt wurde. Die Geschichte vom leeren Grab wurde ihm berichtet. Die Zeugen dieses Berichtes waren aber nicht Augenzeugen des Auferstehungsvorganges, da war niemand dabei, sondern sie hatten nur konstatieren können, daß das Grab leer war. Und wie das möglich sei, darüber kann man bis heute mancherlei Spekulationen anstellen.
Aber es gab auch Zeugen, die dem Auferstandenen begegnet waren. Über fünfhundert Leuten war Jesus nach Ostern erschienen. Diese Erzählungen konnten den Paulus (Saulus) aber auch nicht überzeugen. Im Gegenteil: Um so eifriger verfolgte er nun diese christliche Sekte. Solch absurden Theorien, daß ein Gekreuzigter ins Leben zurückgekehrt sei, müsse man entschieden entgegentreten - so meinte er. Deshalb besorgte er sich Haftbefehle, um die Christen verfolgen zu können. Die jüdische Obrigkeit setzte alles daran, um die predigenden Apostel zum Schweigen zu bringen: Redeverbot, Auspeitschungen, Gefängnis. Seltsam bleibt freilich, daß keiner auf die Idee kam, die Jünger öffentlich der Lächerlichkeit preiszugeben. Es war offenbar nicht möglich, weil der Leichnam nicht aufzufinden war. Wie wirksam hätte man die Apostel blamieren können, wenn man die sterblichen Überreste hätte vorzeigen können. Das Grab war offenbar leer. Und doch weckte das leere Grab bei Paulus keinen Glauben. Und auch heute wird kaum jemand an Christus glauben, nur weil damals in Jerusalem

Leute vor einem rätselhaften leeren Grab standen. Wir haben zwar keine Anhaltspunkte, daß und warum diese Zeugen gelogen haben sollten, aber das allein genügt nicht. Der Glaube an den lebendigen Christus ist etwas anderes, als der Glaube an die Glaubwürdigkeit der Zeugen. Und so fährt Paulus in seinem Brief an die Korinther fort und fügt der Tradition das hinzu, was er selbst erlebt hat, was ihn so überzeugte, daß aus dem Saulus der Paulus wurde.
Mit dieser "Fehlgeburt" - exakter müßte man übersetzen "Nachgeburt" - meint Paulus seine Bekehrung vor Damaskus. Dort hatte er ein Erlebnis, das ihn total veränderte. Da wurde aus dem Gesetzesprediger der Gnadenprediger, aus dem Christenverfolger ein um Christi Willen Verfolgter. Saulus hörte den Ruf an sich: "Saul, Saul, was verfolgst du mich?" Und das war der Herr selbst, der ihn so ansprach. Das zwang ihn in die Knie. Jetzt glaubte er, was er bis dahin nur auf Grund von Zeugenberichten hätte glauben können: Christus lebt. Denn das ist der entscheidende Unterschied: ob ich selbst zu der Gewißheit komme, oder ob ich nur glaube, weil ich den Berichterstattern Glauben schenke. Das eine wäre Glaube an die Zeugen, das andere Glaube an den Auferstandenen.
Ich muß gestehen, daß mich der Hinweis auf das leere Grab wenig überzeugt. Aber daß aus dem Saulus ein Paulus wurde, daß aus den verängstigten, geflohenen Jüngern mutige Prediger und Missionare wurden, das überzeugt mich. Das macht mir glaubhaft: Da muß eine ungeheure Kraft dahinter stehen. Da sind Menschen aus ihren Herzensgräbern herausgekommen. Da hatte es menschliche Erschütterungen gegeben wie Erdbeben. Da sind Wachtposten, die man so gerne aufstellt, damit alles bleiben kann, wie gehabt, umgefallen, als wären sie tot.
Nun kann einer einwenden: Ob Jesus dem Paulus erschienen ist, oder ob das alles Einbildung war, das entzieht sich doch der Nachprüfung. Ich antworte: Dieses, was die Erscheinung bewirkt, ist der Beweis, daß es keine Einbildung war. Für eine fixe Idee läßt sich keiner schmähen, verfolgen und töten. Die Verwandlung des Saulus in den Paulus ist der sichtbare, historische Beweis, daß Paulus dem Auferstandenen begegnet war.

Die Osterzeugen bezeugen nicht irgendwelche Ereignisse, die sich in der Nacht von Karsamstag auf Ostersonntag begeben haben und bei denen sie nicht dabei waren, sondern sie bezeugen einen Machtwechsel. Sie sind dessen gewiß: Nicht Karfreitag und Tod, nicht Sünde und Leid, nicht Dummheit und Irrtum werden siegen, sondern das Ziel der Geschichte heißt Leben und Liebe, Gnade und Barmherzigkeit, Jubel und Lachen. Ostern, das ist Freude darüber, daß der Atem der Liebe weiter reicht als der Atem der Lunge, daß die Treue Gottes weiter greift, als wir uns vorstellen können, daß Gott die Puste mit uns nicht ausgeht, wenn uns die Puste ausgeht. Von dieser Macht der Liebe spürt jeder etwas, wenn er am Grab eines lieben Menschen steht. Vor sich hat er nur den Erdhügel und seine Erinnerungen. Und doch vermag er auf geheimnisvolle Weise Zwiesprache zu halten mit dem, der ihm vorangegangen ist, mit dem er in Liebe verbunden ist. "Liebe ist stark wie der Tod." Jesu Liebe zu uns endet eben nicht am Grab. Nichts kann uns scheiden von der Liebe Gottes - nichts, aber auch gar nichts.
Und wenn uns dies gewiß ist, dann ist die Schlußfolgerung logisch: Dann muß das Grab leer sein. Also: Nicht, weil das Grab leer war, glauben wir an den lebendigen Christus, sondern weil wir der Lebendigkeit Christi gewiß sind, muß das Grab leer sein.
Solcher Glaube an den Auferstandenen ist nicht nur auf ein Jenseits gerichtet, sondern er verwandelt das Leben diesseits der Gräber. Dann ist die Erde nicht mehr länger ein um die Sonne kreisender Friedhof, eine Ansammlung von Dummheiten und Gemeinheiten, die Anhäufung von Irrsinn und Wahnwitz. Nein, dann steht diese Welt unter der Liebe Gottes. Dann setzen wir selber Zeichen der Liebe, da wächst der auferstandene Christus in uns heran. Dann werden wir den Namen "Christen" zu Recht tragen. Dann ist er nicht mehr länger hinter einer Grabplatte verschlossen. Dann ist der Stein ins Rollen gekommen. Dann spüren wir ihn mitten unter uns.

DER VIERTE GEBURTSTAG
1. Korinther 15,19-28

Adam hat uns angesteckt mit der Krankheit, die zum Tode führt. "Der Tod ist der Sünde Sold." Jesus hat uns angesteckt mit der Gesundheit, nämlich mit der Hoffnung der Auferstehung. Sie führt zum ewigen Leben. Gibt es Ansteckungen zur Krankheit, so muß es auch eine Ansteckung zur Gesundheit geben. Der Heiland, der die tödlichen Wunden der Sünden zu heilen vermag, will uns anstecken.
An der Auferstehung hängt alles. Was würde uns ein Jesus helfen, wenn er nicht auferstanden wäre? Die Weltgeschichte hätte nur einen berühmten Wanderprediger mehr. Man würde seiner gedenken wie eines Sokrates oder Goethe, die der Nachwelt kluge Gedanken hinterlassen haben - mehr aber auch nicht.
Nein, da muß schon mehr dahinter stecken, wenn Jesu Botschaft uns anstecken soll. Wenn sie uns aufwecken soll, dann muß er selbst auferweckt sein. Dann muß ihn Gott bestätigt haben.
An Ostern hat Gott sein Machtwort gesprochen: Was da am Kreuz geschah, Jesu stellvertretendes Leiden, das hat Gültigkeit. Auf beglichenen Rechnungen steht oft "Betrag dankend erhalten", das heißt, die Rechnung ist gegenstandslos; sie kann zu den Akten genommen werden. So ist es mit dem Sündenregister der Menschen. Es kann abgeheftet werden. Jesus hat bezahlt.
Auferstehung, das ist das Gegenteil von Liegenbleiben. Die Zeit der Niederlage ist vorbei. Es gibt einen Sieger. Und dieser Sieger will unseren Aufstand, daß wir der Sünde absagen. Wir sollen uns nicht mehr länger dem Bazillus Sünde und Tod ausliefern, sondern das Leben wählen. Mir scheint, es wäre diese Auferstehung in unseren Herzen die viel schwerere Arbeit für Jesus, als seine eigene Auferstehung an Ostern. Unsere Herzen aufzusprengen, den Stein, mit dem wir unser Herz verbarrikadieren, wegrollen, das ist Schwerstarbeit. Schwerer, als einen wirklichen Stein vom Grab wegzuwälzen! Wie sehr mauern wir uns immer wieder ein, wollen unsere Ruhe, unsere Grabesruhe. Wir verharren bei unseren Gewohnheiten, halten fest an Traditionen, ver-

schanzen uns hinter unseren Meinungen und reagieren gereizt auf alles, was uns aufwecken, mobilisieren könnte.
Jesus hat ein Loch in die Mauer des Todes gebrochen. Er will auch unsere Mauer, die wir aus Sünden und Herzensträgheit zusammengefügt haben, niederreißen. Er ruft uns zu: "Da ist ein Loch in der Mauer. Steht auf! Laßt euch nicht länger von der Sünde fesseln und vom Tod ängstigen. Ich bin wie der Bergsteiger, der den Weg zum Gipfel gefunden hat. Jetzt könnt auch ihr den Weg gehen. Ich bin wie Kolumbus, der den Weg nach Amerika gefunden hat, jetzt könnt auch ihr dorthin gelangen. Ich bin wie einer, der den Ausgang aus dem Dickicht des Waldes entdeckt hat. Ihr könnt mir folgen. Der Weg in die Freiheit, hinaus ans Licht, ist gebahnt. Folget mir nach!"
Auf unserem Friedhof ist dieser Durchbruch sehr schön auf einem Grabstein dargestellt. Es sind zwei Steine, die auf gleicher Höhe ein schmales Rechteck herausgemeißelt bekamen, und die so - ein wenig voneinander abgerückt - stehen, daß ein Kreuz entsteht. Dieses Grabmal wirkt, als sei Christus durch den Stein hindurchgebrochen. Der Tod ist keine starre Wand mehr. Seit Ostern ist der Tod degradiert zum Türhalter.
Mancher wird nun fragen: Aber wie geschieht dieser Durchbruch bei mir? Muß man sich alles vorstellen können? Ist es nicht auch schön und spannend, wenn uns Gott ein Geheimnis wie eine freudige Überraschung am Geburtstag aufbewahrt, bis es soweit ist? Wenn ein Kind Vertrauen zu den Eltern hat, dann ist es gewiß, daß es an Weihnachten nicht leer ausgehen wird. Sollten wir skeptischer sein als die Kinder? Dürfen wir nicht darauf vertrauen, daß es eine freudige Überraschung sein wird, wenn unser vierter Geburtstag kommt?
Unser erster Geburtstag war unsere Zeugung. Gottes Wille zu uns nahm seinen Anfang. Er sprach "Werde!", und wir wurden. Unser zweiter Geburtstag war unsere Geburt. Wir erblickten das Licht der Welt und wurden mit dieser Welt beschenkt. Vorher wußten wir auch nicht, was uns da erwarten würde. Wir ließen uns überraschen. Es blieb uns gar nichts anderes übrig. Unsere Taufe war unser dritter Geburtstag. Da wurden wir zu einem Kind Gottes erklärt.

Mit dem Taufwasser wurde uns gleichsam die Liebe Gottes übers Haupt geschüttet. Auf den Kopf wurde es uns zugesagt: "Fürchte dich nicht, denn ich habe dich erlöst; ich habe dich bei deinem Namen gerufen; du bist mein!"
Unser vierter Geburtstag wird unsere Auferstehung sein. Da beginnt unser Leben bei Gott. Dann werden wir die letzte Verwandlung erleben und Gott schauen.
Manfred Kyber hat den Sieg über die Skepsis und die Osterfreude in einer kleinen Geschichte zum Ausdruck gebracht: Die Regenwürmer hielten einen Kongreß ab, auf dem Fragen der Bodenkultur erörtert wurden. Als dann der Kongreß zu Ende war und der gemütliche Teil begann, stieß ein Regenwurm an eine Raupe. "Wer sind Sie denn?", fragte der Regenwurm. "Ich bin Raupe von Beruf...ich bin müde, sterbensmüde." Die Regenwürmer gaben ihr Wissen aus ihrem reichen Erfahrungsschatz weiter und meinten, so sei das Leben, am Ende stünde der Tod. Die Raupe aber antwortete: "Ich glaube, daß man nicht stirbt. Wenn man zu müde ist und nicht mehr auf der Erde kriechen kann, verpuppt man sich, und nachher wird man ein bunter Falter. Man fliegt im Sonnenlicht und hört die Glockenblumen läuten." Die Regenwürmer konnten nicht glauben, was die Raupe sagte. Sie hielten sie einfach für krank. Aber auf ihre Fragen konnte die Raupe nicht mehr antworten. Aus ihr heraus spannen sich feine Fäden und spannen den verstaubten, sterbensmüden Körper ein. "Das ist ja eine schreckliche Krankheit", sagten die Regenwürmer. Es vergingen einige Wochen. Endlich, in der Frühe eines Morgens regte sich das versponnene Ding. Ein kleiner bunter Falter kam heraus und sah mit erstaunten Augen um sich. Er hob sich in die Lüfte und tanzte im Sonnenlicht. Die Regenwürmer fanden die leere Hülle und diskutierten weiter, was das für eine sonderbare Krankheit sei. Hoch über ihnen aber sangen tausend Stimmen im Licht: "Resurrexit!"
Christus ist auferstanden; er ist wahrhaftig auferstanden. Er ist uns vorausgegangen, damit wir ihm folgen.

GEDANKENSPLITTER ZU PFINGSTEN

SIE SIND VOLL SÜSSEN WEINS
Sie waren offenbar nicht mehr ganz sie selbst,
verwandelt, berauscht, erfüllt,
als wäre ihr Innerstes ausgetauscht.
Man kannte sie nicht wieder.
War das nicht der kleine Trupp gewesen,
der sich nicht mehr vors Haus traute?
Kein Ton war aus ihnen herauszubekommen.
Wortlos, verschlossen, scheu
drückten sie sich an einem vorbei.
Es war irgendwie verdächtig,
wie sie täglich beisammen hockten
hinter verschlossener Tür.
Und nun dies!
Nicht mehr wiederzuerkennen,
diese Jünger Jesu.
Plötzlich traf man sie nur noch auf den Plätzen
der Stadt.
Sie redeten ohne Punkt und Komma,
auch zu denen, die sie gar nichts gefragt hatten.
Man hatte den Eindruck,
als müßten sie Wichtiges loswerden.
Und ihre Gesichter strahlten seitdem.
Ihre Augen leuchteten.
Mit Händen und Füßen redeten sie.
Wenn es nicht vormittags gewesen wäre,
man hätte glauben können,
sie seien betrunken.
So voller Überschwang.
Glühend vor Eifer.
Begeisterung
ist wohl das richtige Wort.

FEUER
Ein Motor ohne Zündung
- wertlos.
Ein Feuerzeug ohne Feuerstein
- zwecklos.
Eine Kerze ohne Docht
- sinnlos.
Und Christen ohne Heiligen Geist?
.....
Wenn der zündende Funke fehlt,
kommt nichts in Gang.
Wenn der Anstoß ausbleibt,
verharrt alles in Regungslosigkeit.
Wenn der Stromkreis nicht geschlossen wird,
bleiben die Lichter aus.
Und wenn Christen der Geist nicht packt?
.....
Damals erfaßte sie ein Feuer.
Feuer und Flamme
waren sie
- so heißt es.
Durchglüht und entflammt.
Die Begeisterung soll ihnen wie Feuerflammen
aus den Köpfen geschlagen haben!
So brennend waren sie plötzlich bei der Sache.
.....
Wo ist von solch verzehrender Glut
etwas unter uns zu spüren?
Wo steckt Begeisterung an?
Wer entfacht die Glut in der Kirche?
.....
Es gibt keine Rezepte.
Der Brandstifter
muß der Heilige Geist selbst sein!

STURM

Windstille,
Stallgeruch,
Mief der Langeweile.
Doch keiner öffnet das Fenster.
Sehnsucht nach Frischluft,
doch jeder hat Angst,
es könnte ziehen.
Die Ritzen sind abgedichtet,
damit kein Staub aufwirbelt.
Doch ohne Sauerstoff
werden die Bewegungen träge.
Es denkt sich schlecht
bei stickiger Luft.
Hier hilft nur Mut
zu offenen Fenstern und Türen.
Offenheit bringt Leben
-hinein und hinaus.
Frischer Wind
bringt Leben in die Bude.
Reißt heraus aus Lethargie,
wirbelt durcheinander.
Komm,
Heiliger Geist,
und feg hinein!
Entfach den glimmenden Docht
zu neuer Flamme.
Hauch neues Leben ein,
feg weg den Staub
aus der Kirche.
Bring Schwung
in die flügellahmen Christen.

TAUBE

Zum Markenzeichen
von Friedensbemühungen
hat man mich gemacht.
Zum Symbol
der Friedenssehnsucht
hat man mich gestempelt.
Zur Dekoration
der Olympiaden
lassen sie meinesgleichen aufsteigen.
Verlogenes Pack!
Lest die Bibel genauer!
Nicht Symbolfigur
von Wünschen bin ich.
Ich künde:
So ist es!
Den Noah bestärkte ich nicht
in der Hoffnung,
daß bald Friede werde.
Ihm bracht' ich den Ölzweig,
das Unterpfand:
Gott hat Frieden geschlossen.
Auf Jesus kam ich herab
nicht als Bitte,
daß ER
den Frieden bringen möge,
vielmehr als Ausweis:
Dieser ist's,
der den Frieden stiftet.
ER schafft Versöhnung
zwischen Gott und den Menschen.

WUNDER DER KIRCHE

Wer ein Wunder sehen will,
betrachte die Kirche!
Die Bauleute haben Fehler gemacht,
die Arbeiter am Bau sind träge und faul,
der Mörtel zwischen den Fugen,
der alles zusammenhalten soll,
bröckelt gewaltig;
mancher Stein ist verwittert und spröde.
Wind und Wetter der Jahrhunderte
haben unentwegt dem Bauwerk zugesetzt.
Der Zahn der Zeit
hat kräftig genagt.
Und doch:
Die Kirche steht noch immer.
Welcher andere Zusammenschluß
von Menschen
könnte auf fast zweitausend Jahre Geschichte
zurückblicken?
Freilich:
Krisenzeiten, Niedergänge, Irrwege
gab es genug!
Die Liste der Sünden
der Kirche ist lang.
Ein Indiz mehr,
daß Gott sie sehr lieb haben muß.
Daß er sie nicht sterben läßt
an dem Tod ihres eigenen Versagens,
das grenzt nicht nur an Wunder.
Das ist ein Wunder!
Der Segenswunsch ihres Herrn
an jedem Geburtstag der Kirche
ist seine Zusage:
Ich bin bei euch alle Tage
bis an der Welt Ende.

KIRCHENSCHIFF

Seit Noahs Zeiten
ist das Schiff Symbol der Rettung.
Die Gesellschaft in der Arche
ist stets artenreich und bunt.
Die Sehnsucht nach Rettung
läßt Unterschiede ertragen.

In einem Körbchen im Schilf
wurde Mose gerettet,
um sein Volk durchs Meer zu führen
in die Freiheit.

Trockenen Fußes
durchquerte Josua
und Israel den Jordan,
um das gelobte Land
jenseits der Wüste
in Besitz zu nehmen.

Die Evangelisten malten ein Bild
von der Kirche:
Ein Schiff auf dem See,
hin- und hergeworfen vom Sturm.
Die Mannschaft voller Angst.
Doch ihr Herr schläft im Sturm.
ER bleibt nicht Zuschauer,
sondern ist mitten dabei.
ER beruhigt das Unwetter über dem Wasser
und stillt den Sturm in ihren Herzen.
ER ist der Herr und bringt sie
ans andere Ufer.
In diesem Schiff einen Platz haben
heißt nicht,
von Stürmen verschont werden.
Aber es heißt:
Um den Retter wissen.

DER GEIST MACHT'S

Das Rohmaterial ist das gleiche:
Aus Stahl werden Schwerter oder Pflüge.
Aus Holz wird ein Scheiterhaufen oder Möbel.
Aus Steinen wird ein Gefägnis oder ein Krankenhaus.
Mit meiner Hand kann ich schlagen oder streicheln.
Mit meiner Zunge kann ich demütigen oder aufrichten.
Mit meinen Füßen kann ich treten oder Besuche machen.
Durch Worte kann ich kränken oder ermutigen.
Durch Blicke kann ich verachten oder Liebe signalisieren.
Durch Gesten kann ich drohen oder Freundschaft anbieten.

Es kommt immer auf den Geist an,
der die Dinge erfüllt,
der mein Tun bestimmt,
der sie dienen läßt
dem Tod oder dem Leben.
Der Geist macht's,
ob etwas geistlos
dem Tode zutreibt
oder geistvoll
dem Leben dient.
Um die Geistesgegenwart
des Heiligen Geistes geht es.

Geistesgegenwart meint,
daß ich mit IHM rechne,
in meiner Gegenwart, jetzt und hier.
Geistesgegenwart meint,
daß ich wach bin im Jetzt
und nicht gefangen im Gestrigen
und auch nicht verfangen im Traum von der Zukunft.
Geistesgegenwart meint,
daß ich den Geist gewärtige,
erwarte und mich von ihm packen lasse.
Komm, Heiliger Geist!

DER GEIST SPRICHT

Mein Geist sagt mir:
Die Welt ist gottlos.
Von Gott ist kaum etwas zu spüren.
Der Geist aber spricht:
In allem, was dir gottlos erscheint,
ist Gott dennoch gegenwärtig.
Mein Geist sagt mir:
Es läuft doch alles aufs Sterben hinaus.
Der Geist aber spricht:
Nicht aufs Sterben hinaus,
sondern durchs Sterben hindurch.
Bei IHM gehst du nicht verloren.
Mein Geist sagt mir:
Wer bin ich vor Gott?
Was dürfte ich erwarten
außer Gericht und Verdammnis?
Der Geist aber spricht:
Gottes Liebe ist so groß,
daß ER auch die Kümmerlichkeit deines Lebens verkraftet.
Mein Geist sagt mir:
Laß den Kopf hängen,
es hat doch alles keinen Sinn.
Der Geist aber spricht:
Gott hat Ja zu dir gesagt,
wer erlaubt dir, Nein zu sagen?
Das Neinsagen kannst du dem Teufel überlassen.
Gottes Ja fegt sein Nein vom Tisch.
Verlaß dich drauf!

GEMEINSCHAFT DER HEILIGEN

Pfingsten
- das Gegenbild zum Turmbau zu Babel.
Dort Sprachengewirr, Nichtverstehen,
Erhebung des einen über den andern,
Zerstreuung und Feindschaft.
Hier wundersames Verstehen
über Grenzen hinweg,
Gründung
der Bruderschaft der Verschiedenen.
Wie alles,
was Gewicht hat,
zur Erdmitte tendiert,
so sind alle,
die an IHN glauben,
auf IHN ausgerichtet.
ER ist die einende Mitte.
ER ist Quelle und Ziel.
ER ist der Kopf seines Leibes,
der Kirche.
Heilig sind ihm alle Getauften,
weil sie eingesenkt sind
in das Meer seiner Liebe.
Heilig sein
ist keine Qualität,
die durch Mühe erworben wäre.
Heilig sein
ist Ehrentitel,
zuerkannt durch Gnade allein.
Heilig ist alles,
was Gott gehört.
Durch Christus sind wir
Gottes heilige Kinder
und darum untereinander
Brüder und Schwestern.

ÖKUMENE

Weltweite Kirche
kann nicht uniform sein.
Weltweite Kirche
muß vielfältig sein wie die Welt.
Weltweite Kirche
ist bunt wie eine Wiese.
Jede Blume hat ihre Eigenart,
doch jede blüht
zur Ehre Gottes.
Spräche eine Sorte:
"Wir sind die einzig wahren Blumen",
sie kränkten ihren Schöpfer
und brächten Streit auf die Wiese.
Weltweite Kirche
kann enge Grenzen nicht dulden.
Viele Stimmen
in Harmonie vereint
klingen mächtiger
als monotone Gregorianik.
Und um den Lobpreis allein
geht es allemal!
Streitet man um die Wahrheit,
so setzt man sich
auseinander.
Singt man zur Ehre Gottes,
so fügen sich die vielen Stimmen
zur Einheit.

PFINGSTPREDIGTEN

DEM LEBEN TRAUEN
Apostelgeschichte 2,1-8

Als das Pfingstfest kam, war das kleine Häuflein der Jünger in einem Haus versammelt. Sie freuten sich über die Ruhe des Tages und ihr gemütliches Beisammensein. Kein Lüftchen bewegte die Blätter an den Bäumen, keine Wolke trübte den Himmel. "So könnte es bleiben" - sagte einer der Jünger. Ruhe und Stille hatten sie alle irgendwie nötig. Noch immer saß ihnen die Unruhe und Angst der letzten Wochen in den Knochen. Ständig die Ungewißheit, ob nicht im nächsten Augenblick jemand vor der Tür stehen und sie im Namen des Hohenpriesters verhaften würde, das ging an die Nerven. Das gleiche Schicksal wie Jesus wollten sie nicht erleiden.
Sie saßen beisammen und tauschten Erinnerungen aus. "Weißt du noch, wie Jesus..." Und dann standen die Erlebnisse mit dem Herrn vor ihrem inneren Auge wieder auf. Ab und zu schaute einer nach draußen oder sie lauschten, ob man vor der Tür Stimmen vernahm. Aber das waren dann meistens fremdländische Dialekte, Pilger aus Mesopotamien, Pamphylien, Ägypten und aus Rom. Es waren Pilger, die zum Fest nach Jerusalem gekommen waren.
Und dann sprach Petrus: "Liebe Freunde, inzwischen haben wir uns daran gewöhnt, ohne Jesus weiterzuleben. Auch mit seinen Erscheinungen ist es wohl vorbei. Ich schlage vor, wir wenden uns wieder unserem alten Fischerleben zu, gehen zurück nach Galiläa zu unseren Netzen und Booten. Von Zeit zu Zeit können wir uns ja treffen im Freundeskreis und Erinnerungen austauschen. Ansonsten aber scheint mir die Sache mit Jesus leider vorbei zu sein. Da tut sich nichts mehr. Die Aufregung der hohen Geistlichkeit wird auch bald abflauen. Man wird uns unbehelligt lassen."
Die anderen nickten zustimmend. Man verabredete einen ersten Termin, wann und bei wem man sich in ein paar Wochen in Galiläa treffen wolle.
Diese Phantasiegeschichte wäre ein durchaus denkbarer Schluß der Geschichte Jesu mit seinen Jüngern gewesen. Daß es nicht so kam, das verdanken wir einzig der Ausgießung des Heiligen Geistes. Dieser Geist, dieser neue

Wind, dieses packende Feuer verwandelte die Jünger und ließ es nicht zu, daß sie zu einem "Stammtisch schöner Erinnerungen" versauerten.
Vergleichen wir die Verfassung der Jünger vor und nach Pfingsten! Mutlos und ängstlich waren sie. Doch dann wurden sie voller Mut, und Furchtlosigkeit bestimmte ihr Auftreten. Zuvor hatten die Jünger resigniert und sich in stille Winkel zurückgezogen. Jetzt verließen sie die Verstecke und fingen auf den Plätzen Jerusalems an, lautstark und engagiert zu predigen. Schienen sie vorher wie gelähmt, so packte sie nun ein frischer Wind. Plötzlich waren sie Feuer und Flamme für die Sache Jesu. Von großem Eifer durchglüht brachten sie das Evangelium in alle Himmelsrichtungen hinaus. Man hätte meinen können, daß ihnen die Flammen der Begeisterung förmlich aus den Köpfen schlugen. Nun war ihnen ein Licht aufgegangen: Jesus war zwar leiblich nicht mehr unter ihnen, aber mit seinem Geist hatte er sie angesteckt und erfüllt. Es war wahr geworden, was er versprochen hatte: Er ließ sie nicht wie verwaiste Kinder zurück, sondern war bei ihnen - freilich auf ganz ungewohnte Weise, so wie die Eltern bei ihren Kindern sind, wenn diese das Haus verlassen und in die Selbständigkeit eintreten.
Pfingsten, das ist die große Verwandlung der Jünger. Pfingsten ist die Auferstehung der Jünger, ihr Ostern. Bis dahin schienen sie tot zu sein, bestenfalls dumpf vor sich hindämmernd und wie gefesselt. Ein großer Stein hielt sie in ihrem Herzensgrab gefangen. Und auf dem Stein stand als Todesursache "Resignation".
Nun aber war der Stein fort, wie weggerollt von unsichtbarer Hand. Nun fegte ein frischer Wind in die nur noch schwach glimmende Glut ihres Glaubens. Dieser Geist entfachte die Glut zu neuem Feuer. Er trieb sie wie ein Wind auseinander und setzte sie in Bewegung.
Was ist das für ein Geist?
Es ist der Geist des Lebens, der Geist der Zuversicht, der Hoffnung und der Liebe. Es ist der Geist vitaler Kraft. Wie Dynamit - so heißt das griechische Wort.
Karl Friedrich von Weizsäcker sagte: "Vor zweitausend Jahren kam das Evangelium als neue Botschaft in eine alte

Welt - heute kommt es als alte Botschaft in eine neue Welt." Das ist gewiß wahr: Vor zweitausend Jahren triumphierte der Tod. Er machte Stimmung. Er beherrschte die Schlagzeilen. Wohin man schaute: Der Tod gebärdete sich als der Herr der Welt. Kein Wunder, daß überall Friedhofsstimmung aufkam. "Alles mündet in den Tod. Das Ziel aller Wege ist Niedergang und Verwesung!" Von solchem Lebensgefühl waren die Menschen erfüllt. Und dann platzte in diese Friedhofstimmung die Botschaft: "Das ist nicht wahr! Der Tod ist nur Türhalter, Durchgang. Gott hat das letzte Wort. Und das lautet: Leben und Freude, Licht und Leben!" Der diese Botschaft brachte, nannte sich selbst Weg, Wahrheit und Leben. Und er ging diesen Weg. Durch den Tod hindurch in die Auferstehung. Diese neue Botschaft in eine alte, müde gewordene Welt und Menschheit hineingesagt, breitete sich wie ein Feuer aus, durcheilte die Länder und Kontinente wie ein Sturm.
Ist diese Botschaft heute veraltet? Wird sie überhaupt noch zur Kenntnis genommen und beachtet? Ich fürchte, sie wird einfach nicht mehr gehört. Und zwar deshalb, weil wir selbst so vielfältig von der Todverfallenheit dieser Welt reden. Wohin man schaut und hört: Überall wird Katastrophenstimmung verbreitet, der Weltuntergang mit düsteren Farben an die Wände gemalt - bzw. gesprüht. Ich habe den Verdacht, daß wir an einer sehr tiefen Depression leiden, weil wir die Lebensbotschaft der Bibel nicht mehr ernst nehmen. Nicht wenige Menschen reagieren bereits neurotisch.
Der Präsident des Diakonischen Werkes, Karl-Heinz Neukamm, hat im Blick auf die sinkenden Kinderzahlen in unserem Land gesagt: "Die Vertrauenskrise, die der tiefste Grund für die sinkende Kinderzahl ist, wird nur überwunden, wenn wir dem Leben wieder trauen, weil Gott es mit uns lebt."
Wenn wir junge Menschen fragen, warum sie keine Kinder haben wollen, so spielt dabei sicher auch eine Rolle, daß sich viele schwer tun, um der Kinder willen Opfer zu bringen und persönlich zurückzustecken. Wesentlicher aber scheint mir das Argument, man könne es nicht verantworten, Kinder in diese Katastrophenwelt zu setzen.

Das ist genau die depressive Grundhaltung, die ich eingangs an den Jüngern zu schildern versuchte. Man wagt sich nicht mehr ins Freie. Man traut Gott nichts mehr zu. Man vergißt, daß Jesus gesagt hat: "Ich bin bei euch alle Tage bis an der Welt Ende". Dann kann man sich nur noch in nostalgische Erinnerungen flüchten. Das ist die heutige Form der Leugnung, daß Jesus auferstanden ist.
Er ist lebendig unter uns. Er hat uns seine Verheißung gegeben. Wir dürfen den Herrn beim Wort nehmen, ihn darauf festnageln, daß er uns seine Gegenwart zugesagt hat. Wir dürfen um den Geist der Zuversicht bitten.
Der Heilige Geist mutete den Jüngern zu, die schützenden Mauern ihres Versteckes zu verlassen, sich hinauszubegeben auf die Plätze der Stadt und zu predigen. Der Heilige Geist mutet es uns heute zu, daß wir daran festhalten und darauf vertrauen, Gott läßt die Welt nicht fallen, wenn der Teufel auch noch so viel Krach schlagen mag und auf einzelne Erfolge hinweisen kann.
Nicht das Für-wahr-Halten bestimmter Glaubenssätze macht das Wesen des Glaubens aus, sondern die Lebenshaltung, die damit rechnet: Gott sitzt im Regiment.
Pater Alfred Delp sagte es so: "Laßt uns dem Leben trauen, weil Gott es mit uns lebt!" Die Macht der Resignation darf nicht länger Weltmacht beanspruchen. Das dürfen wir nicht zulassen, wenn wir von der Lebendigkeit unseres Herrn überzeugt sind. Der jungen Generation sind wir diese Botschaft schuldig:"Laßt uns dem Leben trauen, weil Gott es mit uns lebt!"

ANBETUNG IM GEIST
Johannes 4,19-26

Jesus war mit seinen Jüngern unterwegs in Samarien, jenem Gebiet zwischen Galiläa und Judäa, das ein frommer Jude zu meiden suchte. Hier wohnten die Samaritaner, die sich vom jüdischen Volk abgespalten hatten und eine Sekte bildeten. Sie verehrten Gott auf dem Berg Garizim bei Sichem, dem heutigen Nablus. Die Juden dagegen vertraten die Ansicht, daß man nur in Jerusalem Gott opfern dürfe. An dem Jakobsbrunnen, wo einst Jakob seine Herde tränkte, machte Jesus Rast. Während seine Jünger im nahen Dorf Essen kauften, saß Jesus am Brunnen. Eine samaritanische Frau kam, um Wasser zu schöpfen. Jesus sprach sie an und bat um einen Schluck Wasser. Daß ein Mann eine fremde Frau - und dazu noch eine Samaritanerin !- ansprach, galt als unschicklich. Die Frau brachte auch ihre Verwunderung zum Ausdruck. In dem Gespräch, das sie dann miteinander führten, war vom Durst der Menschen die Rede und davon, daß Jesus solchen Durst dauerhaft stillen könne. Die Frau verstand Jesus nicht. Dann sagte Jesus ihr auf den Kopf zu, daß sie schon fünf Männer gehabt habe und ihr jetziger Mann nicht ihr Mann sei. Daß Jesus ihren Lebensdurst durchschaut hatte, das öffnete ihr nun die Augen. Sie begriff, daß Jesus nicht irgendwer war. Geschickt lenkte sie von ihren persönlichen Problemen ab und begann einen religiösen Disput über die Frage, wo man Gott anbeten solle, hier auf dem Berg Garizim oder in Jerusalem. War bislang von sehr weltlichen Dingen die Rede - vom unstillbaren Lebensdurst der Frau, von einer offenbar verpfuschten Biographie, von Haß und Feindschaft zwischen Juden und Samaritanern, von Vorurteilen und Verachtung der Frauen durch die Männer -, so wechselte das Gespräch unvermittelt zu dem Stichwort "Anbetung" über. In diesem Text kommt das Wörtchen "anbeten" gleich zehnmal vor.
Anbetung - was ist das?
Wie betet man an? Wo hat Anbetung ihren Ort und ihre Zeit? In welcher Form hat sie zu geschehen?
Das griechische Worte für Anbetung - proskynese - heißt

"sich ducken wie ein Hund" bzw. "dem Herrn zu Füßen liegen". Und so ist der Kniefall, die Proskynese, das Sich-vor-dem-Herrn-Niederwerfen oder doch zumindest das Tief-sich-Verbeugen ein Ausdruck der Verehrung. Bei uns sind Reste solcher Ehrerbietung noch im Verneigen bei der Begrüßung, im Knicks, im "Bückling" erhalten. Dieses "Buckeln" hat aber oft den negativen Beigeschmack, als sei es nur geheuchelte Unterwürfigkeit und Anbiederei. Aus unserem Sprachgebrauch ist das Wort Anbetung fast ganz verschwunden. Auch im Gottesdienst dominiert das "beten zu" und nicht das "anbeten". Was aber mit Anbetung gemeint ist, können uns die Ausdrücke "meine Angebetete" und "anhimmeln" verraten. Wenn ein verliebter junger Mann seine Angebetete anhimmelt, so ist doch damit gemeint: Hier drückt sich innige Liebe aus, die Sehnsucht, mit dem geliebten Partner völlig eins zu werden. In der Nähe der Angebeteten sein, bedeutet höchstes Glück. Von ihr getrennt sein, wird als Schmerz empfunden.
Können wir in solcher Weise von unserer Liebe zu Gott reden? Beten wir ihn an?
Ein Lehrer erzählte, er habe mit Schülern der Oberstufe eine Gebetszeit in einer Moschee miterlebt. Befragt, was die Schüler am meisten beeindruckt habe, kam die Antwort: Wie sich die Gläubigen vor Allah ganz klein machten, wie sie mit der Stirn und den Handflächen den Fußboden berühren, um ihre Ergebenheit zu bezeugen. Das Wort "Islam" heißt übersetzt "Ergebenheit".
Es gibt nicht wenige Menschen, die solche Gefühle der Ergebenheit und Verehrung, das Gefühl des unbedingten Angewiesenseins auf Gott bei einem Waldspaziergang stärker empfinden als im Gottesdienst. Liegt das etwa daran, daß es in unseren Gottesdiensten selten Pausen oder gar Stille gibt? Lieder, Lesungen, Gebete und Worte "ohne Punkt und Komma" jagen einander. Wann verharren wir denn längere Zeit in der Stille? Ist sie uns unheimlich?
Wie kann uns zum Bewußtsein kommen: "Gott ist gegenwärtig, lasset uns anbeten und in Ehrfurcht vor ihn treten"?
Wenn ein Katholik seine Kirche betritt, dann schaut er nach dem ewigen Licht und dem Tabernakel, um davor in die Knie zu gehen. Es mag sein, daß es in vielen Fällen

routinemäßig, ohne innere Beteiligung geschieht. Das aber spricht nicht gegen diese Ausdrucksform der Verehrung, sondern höchstens gegen den Beter. Daß etwas gedankenlos geschieht, ist kein Argument gegen die Sache selbst. Wäre es so, müßten wir das Vaterunser abschaffen, denn wie oft wird es ohne innere Beteiligung gesprochen!
Wichtig ist, daß wir überhaupt Formen zur Verfügung haben, mit denen wir ausdrücken können, was wir innerlich empfinden. Jede Liebe und Verehrung drängt es, sich zu äußern - auch gegenüber Gott. Weil die Temperamente unterschiedlich sind, werden es auch die Ausdrucksformen sein. In einer leichten Verneigung vor dem Altar beispielsweise kann genausoviel Ergebenheit zum Ausdruck kommen wie in einem Kniefall. Hier dürfen wir keine Normen und Gesetze errichten. Aber wir müssen fragen: Wie bringe ich meine Verehrung für Gott, mein Vertrauen zu ihm zum Ausdruck? Manchem evangelischen Christen ist das Kreuzschlagen bedeutsam geworden. Warum es den Katholiken vorbehalten sein soll, ist auch schwer zu begründen. Wenn diese Christen ein Kreuz über der Brust schlagen, machen sie significant, sichtbar: Ich will mich mit allem, was ich bin und habe, mit Leib, Seele und Geist unter das Zeichen der Herrschaft Christi stellen.
Meine Phantasie wäre überfordert, wenn sie stets neue Formen der Anbetung ersinnen müßte, nur weil alte Formen sinnentleert sein können. Ich bin froh, daß es vorgegebene Formen gibt. Ich wäre auch überfordert, wenn ich meine Mitmenschen immer auf neue Weise begrüßen müßte.
Zur Zeit Ludwig XIV. lebte in Frankreich ein Gaukler namens Barnabé. Auf den Markplätzen führte er seine Balanceakte vor und verdiente sich so den Lebensunterhalt. Nur die Winterzeit war ihm sehr unangenehm. Eines Tages begegnete er einem Abt, der ihn einlud, in sein Kloster einzutreten. Barnabé wurde Mönch. Seine Mitbrüder wetteiferten darin, der Jungfrau Maria besondere Ehrerbietungen zukommen zu lassen. Der eine malte herrliche Madonnenbilder, ein anderer verfaßte Bücher über Maria oder schrieb Gedichte. Eines Tages bemerkte der Abt, wie sich der neue Bruder mehrfach am Tage in der kleinen Kapelle einschloß. Er ging der Sache nach und beobachtete, wie er vor dem

Marienaltar der Mutter Gottes seine alten Kunststücke vorführte und jonglierte. Was einst seine Zuschauer entzückte, warum sollte es nicht auch der Mutter Gottes gefallen?
Als der Abt dies sah, verneigte er sich tief und sprach: "Selig sind, die da geistlich arm sind; denn ihrer ist das Himmelreich."
Möge uns Gott so lieb werden, daß es auch uns drängt, ihn anzubeten - und das nicht nur in der Innerlichkeit, so ganz privat und heimlich, sondern auch so, daß es zum sichtbaren Bekenntnis wird. Eine Zurschaustellung freilich darf es nicht werden! Aber unsere Frömmigkeit darf auch Elemente enthalten, die als Einladung wirken, sich ganz und gar unserem Herrn anzuvertrauen.
Anbetung ist Glauben im Vollzug.
Wer sich im Bewußtsein der Gegenwart Gottes verneigt, drückt nicht nur sein Vertrauen aus, sondern gewinnt und festigt damit zugleich sein Vertrauen. So wie die Liebe, die sich äußert und nicht in die Innerlichkeit einsperrt, neue Nahrung und Kraft gewinnt, so gewinnt unser Glaube Stärkung, wenn er nicht nur das Herz und den Verstand erfaßt, sondern auch leiblichen Ausdruck findet.

> Gott ist gegenwärtig.
> Lasset uns anbeten
> und in Ehrfurcht vor ihn treten.
> Gott ist in der Mitten.
> Alles in uns schweige
> und sich innigst vor ihm beuge.
> Wer ihn kennt, wer ihn nennt,
> schlag die Augen nieder;
> kommt, ergebt euch wieder.
> (EKG 282)

DER LEIB CHRISTI
Epheser 4,11-16

An einem Geburtstag wird das Geburtstagskind gefeiert. Das ist doch klar, wer denn sonst? Wäre es so abwegig, die Mutter des Geburtstagskindes zu feiern?
Am Geburtstag der Kirche, an Pfingsten, feiern wir nicht so sehr die Kirche, vielmehr den Schöpfer der Kirche, den Heiligen Geist. Ohne ihn gäbe es keine Kirche. Ohne den Heiligen Geist wären die Jünger zurückgekehrt zu ihren Fischerbooten am See Genezareth und wären dort als ehrenwerte Männer gestorben. So aber zogen sie los, getrieben vom Heiligen Geist und breiteten die frohe Botschaft aus und ließen ihr Leben für dieses Zeugnis.
An einem Geburtstag ist es sinnvoll, den Blick zurückzuwenden auf das zurückliegende Jahr. Dankbar sollte man sich erinnern an das Geleit, das uns gewährt wurde. Oder müssen wir im Blick auf die Kirche ein Gejammer anstimmen? Sollen wir beklagen, daß der Gottesdienstbesuch früher besser war, daß sich die Jugend treuer zur Kirche hielt, daß...?
Ich habe Zweifel, ob es diese "guten alten Zeiten" überhaupt gegeben hat. Die Menschen waren früher sicher nicht frömmer als wir. Sie waren anders fromm. Die Formen ändern sich, das ist wahr. In keinem Jahrhundert wurden beispielsweise so viele neue Kirchen gebaut, wie es in unserem Jahrhundert geschah. Noch nie hatte die Kirche so viele Menschen über die Gottesdienste hinaus angesprochen. Die vielen Aktivitäten in den Gemeindekreisen, die Flut religiösen Schrifttums und die kirchlichen Sendungen in den Massenmedien waren nie zuvor so zahlreich und groß.
Etwa 17.000 evangelische Gemeinden gibt es in der Bundesrepublik. In meinem Pfarrerkalender steht ein Adressverzeichnis von kirchlichen Stellen und Hilfsorganisationen. Es umfaßt mehr als fünfzig Seiten! Die Kirche ist neben dem Staat der größte Arbeitgeber in unserem Land. Nein, wir haben keinen Grund zum Klagen. Freilich besteht auch kein Anlaß, sich auf die faule Haut zu legen und die Gaben, die Gott uns anvertraut hat, verkümmern zu lassen.
An einem Geburtstag schaut man aber auch nach vorn in

die Zukunft. Was wird das neue Jahr bringen?
Ich will nicht Prophet spielen, aber eines vermag ich doch mit großer Sicherheit zu sagen: Gott wird seine Kirche auch ferner erhalten, trotz aller Wirrnis der Zeit. Sie ist der Leib Christi. Wie könnte das Haupt seinen Leib vergessen wollen? Mit der Kirche als Leib Christi ist nicht primär die äußere Organisation und Institution der Kirche gemeint, sondern diejenigen, die sich im Namen Gottes versammeln. Die sind der Leib Christi, die ihr Vertrauen auf Gott setzen, obgleich so vieles gegen Gott spricht. Mancher fragt verzweifelt: Warum macht Gott nicht endlich ein Ende mit diesem ganzen Spuk? Warum läßt er den Jüngsten Tag nicht kommen? Die Endzeitkatastrophen können wir uns mittlerweile sehr anschaulich vorstellen.
In allen Jahrhunderten haben Menschen so gedacht. Als das Jahrtausend wechselte, also in der Silvesternacht des Jahres 999, meinten viele, nun ginge die Welt unter. Gott aber wollte offenbar, daß noch ein Franz von Assisi, eine heilige Elisabeth und ein Martin Luther über diese Erde gehen sollten. Auch im Jahr 1500 war es nicht vorbei. Gott wollte noch einen Paul Gerhardt mit seinen schönen Liedern, einen Johann Sebastian Bach mit seinen herrlichen Orgelwerken geboren werden lassen. Wäre die Welt im Jahre 1900 untergegangen, so hätte sie keine Elsa Brandström, keinen Mahatma Gandhi, keinen Albert Schweitzer, keinen Martin Luther King und keine Mutter Theresa erlebt. Und uns auch nicht! Gott ließ die Welt nicht zu Ende sein, weil er uns noch wollte, die wir uns hier zu seiner Ehre versammelt haben. Er hat viele Glieder. Und jedes einzelne ist ihm, dem Haupt, wichtig. Jedem ist eine besondere Aufgabe zugedacht. In der Kirche sollte niemand das Gefühl haben: Mich braucht keiner, ich bin überflüssig, auf mich kommt es nicht an.
Doch, Christus würde uns vermissen.
Ich möchte unsere Gemeinde einmal mit einem Mobile vergleichen, wie es in vielen Zimmern hängt und von der Decke schwebt. Da hängen viele einzelne Teile dran. Und sie sind so zueinander geordnet, gewichtet, daß sie sich gegenseitig in der Schwebe, im Gleichgewicht halten. Wenn

ein Teil sich bewegt, bleiben die anderen davon nicht unberührt. Verfolgt man die Fäden nach oben hin, so stellt man fest, daß letztlich alle "an einem Faden" hängen: Jesus Christus. Er ist der Fixpunkt, der Angelpunkt, der feststehende Teil. Ohne ihn würde alles in die Tiefe stürzen und heillos durcheinandergeraten.
Jetzt könnte ich versucht sein, das Bild weiterzuspinnen und zu fragen: Wer hängt denn als nächster unter Christus? Der Papst, die Bischöfe, die Synodalen, die Pfarrer oder Kirchenvorsteher - oder wer? Hier versagt der Vergleich mit dem Mobile. Jeder kann nämlich eine ganz direkte Verbindung zu Jesus haben. Kein "Kirchenfunktionär" darf als Vermittler zwischen Jesus und seine Jünger treten. Im besten Falle sind diese "Berufschristen" wie Hinweisschilder, die in die richtige Richtung weisen. Mehr aber auch nicht.
Wenn mich jemand nach dem Verhältnis von Pfarrer und Gemeinde fragt, dann antworte ich darauf mit einem schönen Bild, das ich Wilhelm Busch verdanke. Er läßt einen mit Ähren gefüllten Sack zu den Ähren sagen: "Ich bin's, der euch auf dieser Welt in Einigkeit zusammenhält...Verneigt euch tief, denn ich bin Der! Was wäret ihr, wenn ich nicht wär?" Ja, die vielen einzelnen Körner wären vermutlich verstreut. Ist der Pfarrer ein solcher Sack? Die Ähren blieben jedoch die Antwort nicht schuldig. Sie sprachen: "Du wärst ein leerer Schlauch, wenn wir nicht wären." Ein Pfarrer ohne Gemeinde ist wie ein leerer Schlauch, ein Sack ohne Inhalt. Mir gefällt dieses Bild deshalb so gut, weil ein Sack eine breite Öffnung hat und nicht eng ist wie ein Flaschenhals. Doch manchmal kann ich mich des Eindrucks nicht erwehren, daß die Gemeinde diesen Einlaß immer mehr verengt, als hätte sie Angst, daß da jemand hineinschlüpfen könnte, der ihr nicht so recht passend erscheint.
Viele Menschen finden nicht den Weg zur Gemeinde wegen der "Schwellenangst". Sie trauen sich nicht, den ersten Schritt über die Schwelle zu tun. Sie sind unsicher, ob sie auch freundlich aufgenommen werden, ob sie z.B. beim Altennachmittag auch einen Platz an einem Tisch finden und nicht von den "Stammtischlern" beargwöhnt werden.

Andere kämen gern in den Bibelkreis, haben aber Angst, sie könnten sich dort einer "dummen Frage" wegen blamieren. Andere sind unsicher, ob sie mit ihren Ansichten und Lebensgewohnheiten zur Gemeinde passen. Es geht ihnen allen wie dem Berliner Jungen, der die Hände in den Taschen vergraben hatte, dessen Nase nach einem Taschentuch verlangte und der eine feine Dame freundlich ansprach, um sich nach dem Weg zu erkundigen. Er bekam zur Antwort: "Hör 'mal, mein Junge, wenn du mich etwas fragen willst, dann mußt du dir zuerst einmal die Nase putzen, die Hände aus den Taschen nehmen, die Mütze abziehen und 'gnädige Frau' zu mir sagen." Da antwortete der Junge: "Dat is mir zu ville. Da verloof ick mir lieba!"
Unsere Aufgabe ist es, die Tore weit offenzuhalten und Schwellenängste abzubauen. Offenheit ist ein Kennzeichen der Kirche.
Freilich gibt es auch noch andere Kennzeichen. Im Glaubensbekenntnis sagen wir: "Ich glaube an eine heilige allgemeine apostolische Kirche". Es kann nur e i n e Kirche geben, weil es nur einen Leib Christi gibt. Kirche ist immer mehr als die einzelnen "Kirchentümer", als die historisch gewachsenen Kirchengemeinschaften. Wer an der Spaltung der Christenheit festhält, zerstückelt den Leib Christi. Ist das etwa weniger grausam als die Kreuzigung? Die Einheit der Kirche wird da erreicht, wo wir einander als Christen anerkennen, wo wir aufhören, die Unterscheidungen in verschiedene Konfessionen als Scheidungen zu akzeptieren. Es geht nicht um Einheitskirche im Sinne einer zentralistischen Organisation. Es geht um Brüderlichkeit, daß wir Gott als unseren gemeinsamen Vater anerkennen und uns gegenseitig als Brüder und Schwestern lieb haben - so verschieden Geschwister nun einmal sein können!
Die Kirche ist heilige Kirche. Gewiß nicht wegen ihrer Leistungen oder auf grund der moralischen Qualität ihrer Mitglieder. Sie ist heilig, weil sie Gott gehört. Alles, was ihm gehört, ist heilig. Durch die Taufe sind wir sein Eigentum geworden. Nichts kann uns aus seiner Hand reißen.
Wenn die Kirche in diesem Sinne heilig ist, dann darf sie nur Gott angehören, dann darf sie als "Braut Christi" nicht fremdgehen, sich nicht mit dem Zeitgeist einlassen oder

mit bestimmten politischen Gruppierungen liebäugeln.
Die Kirche ist allgemein, allumfassend. Das Fremdwort dafür heißt "katholisch". Römisch-katholisch, das ist bereits eine Einengung. Die Kirche ist weiter und umfassender als die römisch-katholische Kirche es ist. Und die Kirche ist apostolisch. Sie gründet sich auf die heiligen Schriften der Apostel. Sie ist also "gesandte" Kirche, wie die Apostel Gesandte ihres Herrn waren. Dieser Auftrag, das Evangelium immer neu zu sagen, bedeutet, daß es heute anders gesagt werden muß als vor tausend oder zweitausend Jahren. Es soll die Herzen der Menschen heute erreichen. Und wenn die Sprache, die Denkgewohnheiten und das Lebensgefühl sich gewandelt haben, dann müssen wir nach neuen Worten suchen, um die Herzen zu erreichen. Das ist nicht leicht.
Wenn der Heilige Geist über uns kommt, dann bedeutet das Verwandlung. Dann können wir nicht mehr länger wie ein Stein im Fluß liegen, der zwar äußerlich naß wird, aber innerlich unverändert trocken bleibt. Dann wird der Liebesstrom Gottes uns durchfluten und durchtränken. Möge uns der Geist Gottes, der Geist der Güte und des Vertrauens, der Geist der Liebe und des Erbarmens durchdringen!
 Komm, Heiliger Geist,
erfüll die Herzen
deiner Gläubigen
und entzünd in ihnen
das Feuer deiner göttlichen Liebe,
der du in Mannigfaltigkeit
der Zungen der Völker
der ganzen Welt versammelt hast
in Einigkeit des Glaubens.
Halleluja, Halleluja.
(EKG 124)

FLEISCH UND GEIST
Römer 8,1-11

Weihnachten ist unbestritten das beliebteste Fest im Kirchenjahr. Da gibt es schöne Dinge zu sehen. Da werden herrliche Lieder gesungen. Da freuen wir uns über Geschenke. An Ostern sind die Geschenke spärlicher. An Pfingsten gehen wir leer aus. Auch anderes Brauchtum gibt es an Pfingsten nicht. Pfingsten ist ein Fest, mit dem wir wenig anzufangen wissen.

An Pfingsten will uns der Geist des Friedens erfassen. Er will uns vergewissern, daß wir Gottes Kinder sind. Gottes Entspannungspolitik sieht anders aus als die menschliche, die meistens doch ohne konkretes Ergebnis bleibt. Gott bietet uns seinen Frieden an, ohne Sicherheitsleistungen und Garantien zu fordern. Gott kapituliert bedingungslos. Er liebt bedingungslos. Deshalb gibt es kein Verdammungsurteil mehr für den, der Jesus als seinen Heiland annimmt. Gott ist der modernste Pädagoge. Nicht Tadel, Strafmaßnahmen oder Schelte fördern die Lernwilligkeit des Menschen, sondern Lob, Anerkennung und Ermunterung - mit einem Wort: Liebe. Gott droht nicht mit Höllenpein und hält keine Strafpredigten, sondern er sagt: Ich habe dich lieb; ich bin für dich; mit meinem Geist will ich dich erfüllen. Du brauchst dich nur zu öffnen.

In unser Herz, in unsere Lebensmitte will Gott kommen. Wer nur Außenbezirke seines Lebens für Gott reserviert, hat nicht begriffen, daß uns Gott ganz und gar will. Seine Liebe zu uns gilt auch ganz und gar und nicht mit irgendwelchen Einschränkungen. Aber wie kommt Gott zu uns? Wie geschieht dies, daß er bei uns anklopft?

Haben wir noch nie erlebt, daß unser Herz warm wurde im Gottesdienst? Wir merkten, hier redet Gott zu mir; ich bin gemeint; genau dies ist meine Situation; das trifft mich; das ist Trost oder Mahnung genau für mich. Gott meldete sich zu Wort.

Das hat ein Pfarrer nicht in der Hand, wen das Wort Gottes wann und wie trifft. Das ist auch gut so!

Gottes Liebesgeist, sein Entspannungsgeist, sein Friedensgeist will unser Herz erreichen. Wie das Blut unsere Gliedmaßen durchströmt, uns nährt und stärkt, so will Gott uns von innenheraus prägen. Wer von seinem Geist erfaßt wird, der wird sagen: Bei mir ist eine Wende eingetreten. Er wird diesen Geist als Friedensgeist und als Künder einer neuen Zeit empfinden.

Das ist kein läppischer, lahmer, sentimentaler Geist. Eher ist es ein Geist, der mit Wind und Feuer verglichen werden kann. Wo Gott in unser Leben einkehrt, da wird es nicht muffig, da gibt es keine dicke Luft oder bedrückende Atmosphäre. Da weht vielmehr ein frischer Wind. Da kommt etwas in Bewegung. Da werden Menschen bis ans Ende der Erde getrieben, um die frohe Botschaft weiterzusagen.

Mit den Enden der Erde sind nicht Ost und West, Nord und Süd allein gemeint. Mit den Enden der Erde sind alle Menschen im Blick, die am Ende sind. Wo jemand nicht mehr weiter weiß, verzweifelt ist, sich in Kummer verzehrt, in Ratlosigkeit vereinsamt, wo einer einfach nicht mehr kann oder will. Die Enden der Erde, die Menschen am Ende, sind uns oft sehr nahe. Zu ihnen will uns der frische Wind Gottes treiben. Es ist ein Wind, bei dem man die Ohren steif halten muß, ein Wind, der uns lehrt, zwischen den Zeilen zu lesen und aus menschlichen Worten Gottes Wort herauszuhören.

Es ist ein Geist, der ansteckt wie ein Feuer. Es ist der Wärmestrom, der von Jesus ausgeht. Jesus hatte stets offene Augen und Ohren für Menschen, die am Ende waren. Sein Liebesgeist, seine Sensibilität für andere will auf uns übergehen. Man muß einmal beobachten, wie das Feuer vom Streichholz auf den Docht einer Kerze überspringt, wenn man es nur nahe genug heranführt! Der Funke muß zünden. Der Wind muß uns erfassen.

Pfingsten ereignet sich, wenn wir loskommen von unserer Ichbezogenheit, wenn wir uns nicht länger um uns selber drehen, sondern unsere Selbstsucht überwinden, Jesus als unseren Herrn in unser Herz lassen. Dann regiert nicht mehr länger das Fleisch, sondern der Geist.

Das hat dann sehr konkrete handgreifliche Folgerungen. Wenn wir im Geiste Jesu handeln bzw. Jesus durch uns am Werk ist, dann werden wir eintreten für das Recht des Einzelnen. Dann werden wir Benachteiligte in Schutz nehmen

und Minderheiten verteidigen. Wir werden uns bemühen, einander besser zu verstehen, zu achten und zu tolerieren. Wir werden im anderen Menschen nicht mehr den Gegner oder Feind sehen, sondern in ihm den Bruder und die Schwester erkennen.
Wenn wir mitarbeiten, daß die Schranken und Mauern zwischen den Konfessionen, Völkern und Rassen abgebaut werden, dann dürfen wir Jesus auf unserer Seite wissen.
Dieser Geist der Liebe, der Barmherzigkeit und der Toleranz läßt sich nicht befehlen. Ich kann zu einem sagen: "Bitte, mach die Tür zu!" Aber ich kann zu keinem sagen: "Bitte, sei getröstet, sei nicht traurig, vergib dem, der dich gekränkt hat!" Den Geist der Hoffnung und Vergebung, den Geist des Getröstetseins und der Zuversicht kann man nur erbitten.
Aber wie sehr brauchen wir gerade heute diesen Geist! Denn es ist so viel Müdigkeit und Verzagtheit unter uns, so viel Hoffnungslosigkeit und Resignation! Diesen Geist Jesu brauchen wir mehr denn je. Wir brauchen den Geist, der uns be-geistert, beflügelt, der uns Ziele zeigt und Kraft gibt, mutig und zuversichtlich weiterzugehen.
Es ist ein Krankheitssymptom unserer Zeit, wenn wir unsere Jugendlichen nicht mehr begeistern können. Offenbar fehlen uns selbst entscheidende Lebenskräfte. Wir brauchen den Heiligen Geist. Ohne den Heiligen Geist bleibt alles Erzählen von Jesus Christus nur ein Reden über einen vergangenen Menschen. Ohne den Heiligen Geist bleibt die Bibel ein Buch mit toten Buchstaben. Ohne den Heiligen Geist bleibt die Kirche eine Organisation wie viele andere. Ohne den Heiligen Geist werden ethische Maßstäbe zu knechtenden Gesetzen. Ohne den Heiligen Geist wird Autorität zu Herrschaft, Mission zu Propaganda. Ohne Heiligen Geist verkommen Gottesdienste zu rituellen Handlungen.
Wo aber der Geist wirkt und ansteckt, da kommt Jesus aus der Vergangenheit hervor und begegnet uns als der Auferstandene und Gegenwärtige. Da fangen die toten Buchstaben zwischen den Buchdeckeln der Bibel zu reden an, da wird die Kirche zur Gemeinschaft der Brüder und Schwe -

stern. Da bleibt der Gottesdienst nicht eine Veranstaltung, in der der Pfarrer eine mehr oder weniger gute Predigt hält, sondern da wird spürbar: Gott ist gegenwärtig.
Der Heilige Geist ist die Kraft, die die Vergangenheit in die Gegenwart holt und das Zukünftige vorwegnimmt. Wenn der Heilige Geist unter uns wirkt, dann werden die Geschichten von Jesus nicht wiederholt im Sinne von "noch einmal", sondern da werden sie wieder in der Gegenwart lebendig. Da fangen sie an, unser Leben heute und hier zu bestimmen. Dann fragen wir nicht mehr: War das damals wirklich so? Dann fragen wir vielmehr: Welche Wirkung, welche Wirklichkeit hat diese Geschichte für mich und mein Leben heute?
Wo uns der Heilige Geist erfaßt, da bekommen wir einen Vorgeschmack, eine Anzahlung auf das kommende Reich Gottes. Da wird ein Stückchen Himmel und himmlische Gemeinschaft unter uns erfahrbar. Da zählt dann nämlich nicht mehr, was wir geleistet haben, wie hoch unser Bankkonto ist oder welchen Titel wir uns erworben habe, dann zählt in der Gemeinde nur noch, daß wir wie unsere Brüder und Schwestern neben uns auch auf die Liebe Jesu Christi angewiesen sind. Dann wird aus einer Kirchengemeinde bei aller Verschiedenheit der einzelnen Mitglieder eine große Familie, die familia dei.

Wenn wir wie Brüder beieinander wohnten,
Gebeugte stärkten
und der Schwachen schonten,
dann würden wir den letzten heilgen Willen
des Herrn erfüllen.

Ach dazu müsse seine Lieb uns dringen!
Du wollest, Herr, dies große Werk vollbringen,
daß unter e i n e m Hirten eine Herde
aus allen werde.
(EKG 159,2+3)

Sie blieben aber beständig in der Lehre der Apostel und in der Gemeinschaft und im Brotbrechen und im Gebet.

Apg 2,42

FAMILIENGOTTESDIENSTE ZU PFINGSTEN

ICH BIN BEI EUCH ALLE TAGE BIS AN DER WELT ENDE
Matthäus 28,20

(Hilfsmittel: ein Stabpuppenspiel. Die Puppen wurden im Kindergottesdiensthelferkreis selbst gebastelt - siehe unten! Hinter einem gespannten Tuch wurden die Puppen geführt, andere Helfer sprachen die Texte. Über dem Tuch hing ein Antependium, das mit dem Bibelwort Mt 28,20 bestickt war.)

Fred:	Melanie! Melanie!
Melanie:	Was ist denn? Warum rufst du denn so laut?
Fred:	Schau einmal, da hängt ein so komisches Tuch.
Melanie:	Wo? Ich sehe keines.
Fred:	Hier unten. Guck doch! Da steht auch etwas drauf.
Melanie:	Ja, jetzt sehe ich es auch. Aber lesen kann ich es nicht. Von hier oben aus steht alles auf dem Kopf.
Fred:	Paß auf, ich will versuchen, es zu lesen: Ich...bin...bei...euch...alle...Tage.
Melanie:	Verstehst du das, Fred? Wer sagt das denn? Wer will bei uns sein alle Tage?
Fred:	Weißt du das nicht? Das hat doch Jesus gesagt, als er sich von seinen Jüngern verabschiedete.
Melanie:	Das finde ich aber seltsam. Wenn er sich verabschiedete, dann ist er doch gerade nicht mehr bei ihnen. Wie kann er dann sagen: Ich bin bei euch alle Tage?
Fred:	Ich glaube, Melanie, du mußt noch viel lernen. Jesus ist bei uns, obwohl er nicht bei uns ist. Er ist eben ganz anders bei uns. Nicht so, wie du jetzt zum Beispiel bei mir bist.
Melanie:	Das mußt du mir erklären! Wie kann jemand, den man nicht sieht, trotzdem da sein?
Fred:	Dann paß bitte auf! Dort ist ein Fenster.

Melanie:	Schau nur, wer gegen das Fenster fliegt! Ein Brummer! Der will heraus.
Fred:	Ja, aber er sieht die Scheibe nicht. Er sieht nur die Bäume draußen. Und so rennt er immer wieder gegen etwas, was da ist, das er aber nicht sieht.
Melanie:	Wenn der Brummer so weiter macht, wird er bald tot auf der Fensterbank liegen.
Fred:	Ja, weil er meint, nur das sei wirklich vorhanden, was er auch sehen kann.
Melanie:	Ganz schön dumm. Wenn er die Fensterscheibe nicht sieht, so fühlt er sie doch!
Fred:	Das finde ich auch. Und deshalb kannst du verstehen, was Jesus meinte, als er sagte: Ich bin bei euch alle Tage. Er ist nicht so bei uns, daß wir ihn sehen könnten. Aber er ist so bei uns, daß wir ihn spüren können.
Melanie:	Aber das ist doch auch nicht so einfach. Ich sehe ihn nicht. Ich fühle ihn auch nicht.
Fred:	Paß auf, schau dir folgende Geschichte an!
Afrikaner A:	Sag einmal, glaubst du an Gott?
Afrikaner B:	Aber gewiß glaube ich an Gott.
Afrikaner A:	Kannst du mir Gott zeigen?
Afrikaner B:	Nein, das kann ich nicht. Aber dennoch glaube ich an Gott.
Afrikaner A:	Wie soll ich an Gott glauben, wenn ich ihn nicht sehe?
Afrikaner B:	Komm, ich will dir etwas zeigen! Sieh dort vor meiner Hütte! Was siehst du da im Sand?
Afrikaner A:	Nun ja, das sind Spuren von einem Löwen. Er ist heute nacht um deine Hütte geschlichen.
Afrikaner B:	Woher weißt du das? Den Löwen hast du doch nicht gesehen?

Afrikaner A:	Aber die Spuren sehe ich, die er hinterlassen hat.
Afrikaner B:	Genauso ist es auch mit Gott. Ihn selbst können wir nicht sehen. Aber die Spuren, die er in unserem Leben hinterläßt, die können wir aufspüren.
Fred:	Hast du verstanden, Melanie?
Melanie:	Ja, wir müßten also nach den Spuren Gottes schauen. Gewissermaßen seine Spuren aufspüren, um zu spüren, daß er da ist.
Fred:	Richtig!
Melanie:	Kannst du mir solche Spuren zeigen?
Fred:	Man muß nicht alles sehen! Nachdenken genügt manchmal auch schon. In der Bibel steht doch: Gott ist Liebe. Und so denke ich mir: Überall, wo ich in meinem Leben Liebe erfahren habe, da habe ich Gott erfahren. Und wenn ich daran denke, wie sehr meine Eltern mich lieb haben, wieviel Geduld meine Lehrer mit mir haben, wie oft ich schon Freude erlebt habe, dann ist mir Gott schon oft begegnet!
Melanie:	Ja, ich denke manchmal, wenn ich mir in den Finger geschnitten habe, woher weiß mein Finger eigentlich, daß er wieder zusammenheilen soll? Wer sagt ihm das? Ich sag's ihm jedenfalls nicht.
Fred:	Richtig. Und wer sagt meinem Herzen, daß es schlagen soll? Und wer weckt mich morgens auf? Ich selbst kann mich nicht wecken, ich schlafe ja noch. Und wer sagt meinem Magen, was er tun soll?
Melanie:	Vieles geschieht so selbstverständlich, ohne daß wir willentlich etwas dazu tun. Das ist schon ein Wunder.
Fred:	Das sind Hinweise, daß Gott ganz nahe bei uns ist. Das sind auch Spuren Gottes.
Melanie:	Schau, wer da kommt!

Fred:	Hallo, Heike! Was trägst du denn in der Hand?
Heike:	Das ist meine Mutter.
Fred:	Was? Das ist doch nicht deine Mutter. Das ist höchstens ein Foto von deiner Mutter.
Heike:	Doch, das ist meine Mutter. Wenn ich das Foto anschaue, dann werde ich ganz traurig.
Melanie:	Warum wirst du dann traurig, Heike?
Heike:	Weil meine Mutter im Krankenhaus liegt und ich nicht zu ihr kann. Sie liegt in einer anderen Stadt. Aber wenn ich das Foto anschaue, dann ist sie ganz nahe bei mir.
Fred:	Ach so meinst du das! Sie ist weg und doch da. Ihr Körper liegt in der Klinik. Mit ihrem Herzen aber ist sie bei dir.
Heike:	Ja, so ist es. Macht's gut. Ich möchte mit meiner Mutter alleine sein.
Fred:	Melanie, ob Jesus auch so bei uns ist? Nicht mit dem Körper, aber mit seinem Herzen.
Melanie:	Ich glaube schon. Sieh, da kommt ein jüdischer Junge. Er betet gerade.
Fred:	Der sieht aber komisch aus. Was hat der denn am Kopf und an seinem Arm? Ich will ihn fragen. He du, sage uns bitte, warum hast du so einen Riemen am Kopf und an deinem Arm? Was soll das bedeuten?
Jüd. Junge:	Das ist ein Tefillin.
Fred:	Und was ist ein Tefillin?
Jüd. Junge:	Das ist eine kleine Kapsel. Und darin befindet sich ein Stück Papier mit einem Wort Gottes darauf.
Fred:	Und warum bindest du dir das auf den Kopf?
Jüd. Junge:	Damit das Wort Gottes immer ganz dicht an meinem Kopf ist und meine Ge-

	danken beeinflußt. Sie zum Guten lenkt. Gottes Wort will ich nicht vergessen.
Melanie:	Und warum trägst du das Tefillin an deinem linken Arm?
Jüd. Junge:	Damit das Wort Gottes immer ganz dicht an meinem Herzen ist. Denn im Herzen entstehen die guten und bösen Regungen. Vom Herzen aus werden die Hände regiert. Und das Wort Gottes soll darauf Einfluß nehmen. Deshalb soll es sehr dicht an meinem Herzen sein.
Fred:	Interessant, nicht wahr, Melanie?
Melanie:	Ja, so stelle ich mir vor, kann auch Jesus uns ganz nahe sein. Gewissermaßen in unserem Kopf und nahe unserem Herzen. Jetzt verstehe ich auch, warum die Engländer für "auswendiglernen" sagen "to learn by heart", mit dem Herzen lernen! Richtig. Was du in deinem Herzen hast, was du auswendig weißt, das kann dir niemand stehlen. Das hast du immer parat bei dir. Das begleitet dich ständig.
Fred:	Jesus ist also bei uns alle Tage, wenn wir seine Worte in- und auswendig können.
Melanie:	So ist es. Deswegen sollte jeder seinen Konfirmationsspruch und andere Bibelworte auswendig können.
Fred:	Schau, da gehen Leute zur Kirche!
Melanie:	Die haben ein Baby dabei. Die gehen sicher zur Kirche, um ihr Kind taufen zu lassen.
Fred:	Ich kann mich an meine Taufe nicht erinnern.
Melanie:	Ich auch nicht. Das ist aber auch nicht wichtig. Ich weiß, daß ich getauft bin. Meine Eltern und Paten können es mir bezeugen. Sie waren dabei. Und das Wichtigste: Die Taufe ist nie rückgängig zu machen. Wenn Gott einmal zu einem

	Menschen gesagt hat: "Ich habe dich lieb!", dann gilt das für immer. Er nimmt sein Wort nicht zurück.
Fred:	Ja, wenn Gott sagt: "Du und ich, wir gehören zusammen!", dann ist darauf Verlaß.
Melanie:	Das ist eine tolle Sache. Dann sind wir nie allein. Dann ist er bei uns alle Tage bis an das Ende der Welt.
Fred:	Und noch etwas: Das Wasser hat es uns spüren lassen: Gott umgibt uns von allen Seiten, so wie einer ins Wasser getaucht wird. Aber Gott kommt auch in uns hinein. Beim Abendmahl nämlich. Da essen wir ein Stückchen Brot und trinken einen Schluck Wein. Jesus will also in uns wohnen, in uns hineinkommen. Von unserem Herzen aus will er unser Denken und Reden, unser Tun und Lassen bestimmen.
Melanie:	Dann muß man also nur bereit sein, ihn in das Herz hineinzulassen?
Fred:	So ist es. Gott wohnt da, wo wir ihn hineinlassen.

Anmerkung zur Aufführung:
Wann die einzelnen Figuren auftreten, ergibt sich aus dem Dialog. Als Fenster, gegen das der Brummer fliegt, nehme man einen größeren Bilderrahmen, der von einem Spieler hochgehalten wird. Wichtig ist, daß die Puppen mit den Armen viel Bewegung zeigen.

Material für die Stabpuppenherstellung:
Styroporkugeln, Dispersionsfarben, Rundstäbe, Stoffreste und Wollreste. Die Haare werden mit Stecknadeln am Kopf befestigt. Der Stoff über den Rundstab gehängt und vorsichtig in die Styroporkugel gedrückt. An einem Zipfel des Stoffes kann ein zweiter Rundstab als Arm befestigt werden.

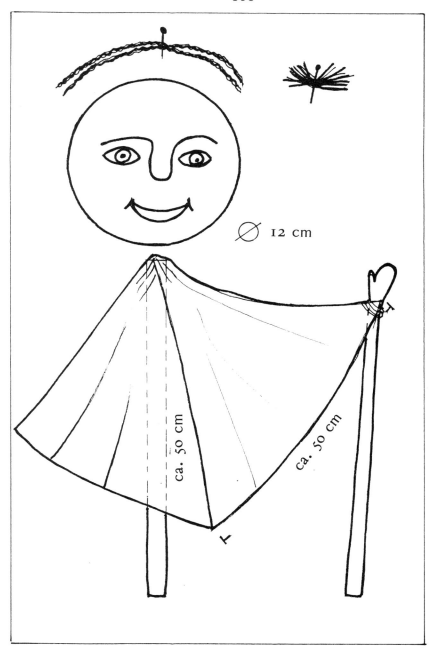

GEMEINSCHAFT DER GENERATIONEN
"Du sollst Vater und Mutter ehren!"

(Hilfsmittel: eine Jungschar hat mehrere Anspiele einstudiert, der Pfarrer spricht nur überleitende Worte.)

Pfarrer: Der Familiengottesdienst heute macht deutlich, daß der Gottesdienst nicht eine Sache des Pfarrers allein ist. Heute "predigen" die Kinder unserer Jungschar.
Das Thema lautet: "Du sollst Vater und Mutter ehren!" Oder: Menschliches Leben ist Leben "voneinander" und "füreinander" und "miteinander". Keiner lebt für sich allein. Aber wir wissen, daß das Leben miteinander oft nicht leicht ist. Zwischen den Generationen, zwischen Jung und Alt, Eltern und Kindern, Großeltern und Eltern gibt es mancherlei Konflikte.
Wir sehen und hören ein erstes Anspiel, ein Gespräch zwischen einem Jugendlichen und einem Journalisten.

Das lehrreiche Telefonat
(Zwei Kinder sind mit einem Telefonapparat als Requisit ausgerüstet. Das ältere Kind ist evtl. als Journalist etwas zurechtgemacht. Die Szene beginnt, indem der Jugendliche eine Rufnummer wählt und der Journalist zum Hörer greift.)

Journalist: Hallo, hier ist die Redaktion der Tageszeitung, Herr Feder am Apparat. Was kann ich für Sie tun?

Jugendlicher: Herr Feder, ich bin ein Jugendlicher. Ich habe viel Ärger mit meinen Eltern. Ich habe viele Artikel von Ihnen gelesen und denke, daß Sie mich verstehen werden. Vielleicht können Sie mir helfen. Was soll ich tun? Mein Vater ist so altmodisch und

	rückständig. Jeden Tag gibt es Streit mit ihm. Mein Vater ist total von gestern. Es ist nicht zum Aushalten. Er versteht mich überhaupt nicht.
Journalist:	Das kann ich gut verstehen. Als ich 17 Jahre war, war das mit meinen Eltern genauso. Aber hab nur Geduld mit so alten Leuten. Die entwickeln sich noch. Laß ihnen Zeit.
Jugendlicher:	Wie soll ich das verstehen? Wie meinen Sie das?
Journalist:	Nun, sieh 'mal. Zehn Jahre später - als ich 27 Jahre alt war -, da hatte mein Vater schon ganz schön dazugelernt. Und du wirst es nicht glauben, nochmals zehn Jahre später - ich war 37 -, da habe ich ihn oft um Rat gefragt.
Jugendlicher:	War das wirklich so?
Journalist:	Ja, ehrlich. Das ist das Erstaunliche: die Alten können sich ändern.
Pfarrer:	Wir sehen: Es ist nicht leicht, Jugendlicher oder Erwachsener zu sein. Das Verhältnis zwischen Eltern und Kindern verändert sich im Laufe des Lebens. Hoffen wir, daß es sich immer zum Besseren verändert. Dies wird um so leichter gelingen, wenn beide Seiten nicht vergessen, daß sie aufeinander angewiesen sind. Das Leben ist ein Nehmen und Geben.

Die fünf Fladenbrote
(Als Requisiten werden fünf Fladenbrote - entweder aus Pappe geschnitten oder richtige Pfannkuchen - benötigt. Der Verkäufer kann einen Fez auf dem Kopf haben, der Käufer ein Fellachentuch.)

Käufer:	Schalom, Arie!
Verkäufer:	Schalom, Ruben! Was kann ich für dich tun? Wieder das Übliche? Wieder fünf Fladenbrote wie jeden Tag?
Käufer:	Jawohl, wie jeden Tag: fünf Fladenbrote, bitte.
Verkäufer:	Sag einmal, Ruben, wozu brauchst du eigentlich fünf Fladenbrote?
Käufer:	Wieso verstehst du das nicht? Du weißt doch, ich habe zwei Eltern und zwei Kinder.
Verkäufer:	Na und?
Käufer:	Nun, als ich klein war und noch kein Geld verdiente, da haben mich meine Eltern ernährt. Sie gaben mir zu essen. Sie haben mir gewissermaßen ausgeliehen. Und jetzt sind meine Eltern alt. Sie können nicht mehr arbeiten. Nun gebe ich ihnen zurück, was sie mir damals geliehen haben.
Verkäufer:	Ja, das verstehe ich. Dann bräuchtest du aber doch nur drei Fladenbrote.
Käufer:	Du kannst nicht rechnen, Arie. Du weißt, ich habe zwei Kinder. Ihnen leihe ich heute aus. Ich hoffe, die werden mir die Fladenbrote zurückgeben, wenn ich alt bin. Hast du verstanden?
Verkäufer:	Ja, Ruben. Schalom!
Käufer:	Schalom, Arie!
Pfarrer:	Dieses Gespräch hat deutlich gemacht: Wir sind aufeinander angewiesen. Das Leben besteht aus Rechten und Pflichten, aus Pflichten und Rechten, aus Nehmen und Geben, aus Geben und Nehmen. Dazu gehört, daß man über sich selbst hinausschaut, daß man sich fragt: Wem verdanke ich mein Leben? Was sind die Voraussetzungen meines Daseins? Und: Was muß ich tun, daß andere nach

mir so leben können, daß ihnen das Leben Freude bereitet? Die nächste Geschichte will es uns zeigen.

Das Johannisbrotbäumchen
(Ein Mann mit Gärtnerhut, Spaten und größerem Ast imitiert das Einpflanzen eines Bäumchens. Ein zweiter Mann ist als Rabbi zurechtgemacht - schwarzer Hut und Jacke - und spricht ihn an.

Rabbi:	Schalom, guter Mann, gelobt sei der Allmächtige. Ich sehe, Sie pflanzen ein Johannisbrotbäumchen.
Gärtner:	Schalom, Rabbi. So ist es.
Rabbi:	Aber sagen Sie, ist das nicht unsinnig in Ihrem Alter? Wissen Sie nicht, daß dies Bäumchen erst nach siebzig Jahren seine ersten Früchte tragen wird?
Gärtner:	Ja, ich weiß. Warum sollte ich es deshalb nicht pflanzen?
Rabbi:	Nun, weil Sie nie davon essen werden. Sie sind schon zu alt.
Gärtner:	Als ich ein Kind war, aß ich Früchte von Johannisbrotbäumen, die ich nicht gepflanzt hatte. Andere vor mir hatten sie gepflanzt. Ich habe also geerntet, wo ich nicht gepflanzt hatte.
Rabbi:	Ja, das ist wahr.
Gärtner:	Und nun pflanze ich, damit andere nach mir ernten können.
Rabbi:	Das leuchtet mir ein. Wir leben von dem, was unsere Vorfahren erarbeitet haben. Und wir sind verpflichtet, so zu leben und zu arbeiten, daß unsere Nachkommen leben können und Gutes von uns empfangen.

Pfarrer: Darum geht es also: Nicht nur an sich selbst denken, sondern dankbar an die Eltern und vorausschauend an die Kinder denken!
Wer nur an sich selber denkt, der steht gewissermaßen vor einem Spiegel. Er sieht seine Mitmenschen nicht mehr, nur sich selbst. Er ist arm dran. Es wird einsam um solch einen Menschen werden, denn mit Egoisten ist man nicht gern zusammen.
Es gibt eine Macht in dieser Welt, die der Teufel einsetzt, um die Menschen zu isolieren. Und diese Macht heißt Geld.
Wieviel Streit gibt es, weil Geschwister sich nicht einigen können, wenn das Erbe geteilt wird. Wieviel Streit gibt es, weil einer dem anderen etwas neidet. Es gibt viel Elend in der Welt, weil wir so wenig teilen und nur auf unseren Vorteil schauen.

Das Silber hinter dem Glas
(Ein Rabbi - mit Gebetsschal - steht an einem Fenster - Holzrahmen. Ein zweiter Jude kommt hinzu.)

Jude: Rabbi, ich muß dir von einer traurigen Erfahrung erzählen. Ich hatte Freunde, die waren sehr gut zu mir. Aber eines Tages wurden sie reich. Seitdem sie viel Silbergeld in ihrer Tasche tragen, ist es mit unserer Freundschaft vorbei. Sie kennen nur noch ihr Geld. Wie kommt das?

Rabbi: Ich will es dir erklären. Schau hier durchs Fenster. Was siehst du?

Jude: Ich sehe Menschen spazierengehen.

Rabbi: Ja, du siehst Menschen spazierengehen. Aber warte, ich lege nun Silber (Allu-

	miniumfolie) hinter die Fensterscheibe. Was siehst du nun?
Jude:	Nun sehe ich mich selbst wie in einem Spiegel.
Rabbi:	So ist es. Steckt Silber dahinter, so sieht der Mensch nur noch sich selbst.
Pfarrer:	Hoffentlich halten wir unsere Scheibe sauber und durchsichtig! In der Bibel ist oft von Blindenheilungen die Rede. Jesus will, daß wir den Nächsten und seine Not in den Blick bekommen, daß wir uns nicht Sand in die Augen streuen lassen oder wegschauen, wo unsere Hilfe gebraucht wird. Es ist leicht, zu sagen: "Ich will meinem Nächsten helfen, wenn ich kann". Schwer aber ist es, dann auch wirklich zu helfen, wenn man kann. Und wir sind - Gott sei es gedankt! - meistens in der Lage, anderen zu helfen.

Hilfsbereitschaft nur mit Worten
(Zwei Frauen stehen an einem Tisch und trinken miteinander Limonade.)

Anna:	Sag einmal Helga, wir sind doch Freundinnen. Wenn du fünf Fernsehgeräte hättest, würdest du mir dann eines schenken?
Helga:	Freilich!
Anna:	Wenn du fünf Autos hättest, würdest du mir eines abgeben?
Helga:	Aber gewiß!
Anna:	Wenn du fünf Blusen hättest, und ich bräuchte eine, würdest du mir eine geben?
Helga:	Nein!
Anna:	Warum nicht?
Helga:	Weil ich fünf Blusen habe.

Pfarrer: Wer anderen hilft, wird nicht immer Dank erfahren. Manchmal muß man sogar leiden, wenn man anderen helfen will. Ich denke an unsere Konfirmanden, die jedes Jahr für Brot für die Welt Geld sammeln und dabei nicht von jedem freundlich behandelt werden. Schön ist es, wenn sie sich dann nicht entmutigen lassen, sich für die gute Sache einzusetzen.

Die Ohrfeige für die Armen
(Ein Mann steht im Altarraum, ein Rabbi mit Gebetsmantel tritt heran.)

Rabbiner: Schalom, guter Mann. Ich bitte um eine milde Gabe für die Armen in meinem Dorf.

Mann: Da hast du eine Gabe! Scher dich davon (gibt ihm eine Ohrfeige)!

Rabbiner: Diese Gabe, guter Mann, war für mich. Ich gehe auch sogleich. Aber wo bleibt deine Gabe für die Armen?

Mann: (kramt in der Tasche und gibt ihm Geld)
Rabbiner: (verneigt sich und geht weg).

Pfarrer: Geld und Gut ist uns anvertraut. Selbst unser Leben ist nur eine Leihgabe, die wir wieder zurückgeben müssen. Davon handelt unsere letzte Geschichte.

Auf der Durchreise
(Hier muß viel pantomimisch gespielt werden, z.B. das Eintreten durch die Tür, das Hinweisen auf die Einrichtungsgegenstände der Wohnung. Der Rabbiner steht im Altarraum, der Jude tritt hinzu, klopft und öffnet nach dem "Herein!" die Tür.)

Rabbi:	Herein!
Durchreisender:	Schalom!
Rabbi:	Hochgelobt sei der Allmächtige. Schalom, mein Bruder. Was führt Sie zu mir?
Durchreisender:	Ich bin auf der Durchreise und hörte, daß in diesem Ort ein berühmter Rabbi wohne. Da ich wißbegierig bin, wollte ich Sie aufsuchen, um von Ihnen zu lernen (schaut sich erstaunt im Zimmer um).
Rabbi:	Die Gottesfurcht ist aller Weisheit Anfang. Aber sagen Sie, warum blicken Sie sich so verwundert in meinem Zimmer um?
Durchreisender:	Ich bin verwundert, daß es so leer ist. Sind das Ihre Möbel alle: ein Tisch, ein Stuhl, ein Schrank und eine Liege. Ist das alles?
Rabbi:	Haben Sie etwas mehr bei sich, lieber Mann?
Durchreisender:	Gewiß nicht. Ich bin schließlich auf der Durchreise.
Rabbi:	Ich auch. Ich bin in diese Welt mit nichts hineingekommen und werde auch mit nichts hinausgehen. Warum soll ich mich mit Unnötigem belasten? Wer auf der Durchreise ist, nimmt nur das Allernötigste mit. Und wenn er am Ziel ist, braucht er selbst das nicht mehr.
Pfarrer:	Auch dies gehört zum Geben und Nehmen, zum Füreinander-Dasein, daß wir einander danken. Deshalb möchte ich unseren Jungscharkindern herzlich danken für diese Spiele, die sie einstudiert und uns vorgeführt haben. Jesus hatte sicher seine Freude an unseren jungen "Predigern".

1. Stimmt mit ein - groß und klein - Gott will in unse-rer
2. Stimmt mit ein - groß und klein - Jesus will unser
3. Stimmt mit ein - groß und klein - Heil'ger Geist komm ins
4. Stimmt mit ein - groß und klein - kei-ner soll mehr

1. Mitte sein :/ Singen, schreiten und verneigen vor dem Herrn, der
2. Heiland sein:/ Singen, schreiten und verneigen vor dem Herrn, der
3. Herz hinein:/ Singen, schreiten und verneigen vor dem Geist, der
4. einsam sein:/ Singen, schreiten und verneigen Lob und Preis sei

1. uns gemacht.:/
2. uns erlöst:/
3. uns macht froh:/
4. Gott dem Herrn:/

aus: H. Gerlach / R. Hill "Stimmt mit ein", Neue Lieder für Kirche und Schule mit Liedsätzen für Orff-Instrumente. Verlag Lydia Gerlach, Marburg 1980

BRÜCKENBAUER
Ich bin der Weg, die Wahrheit und das Leben.

(Hilfsmittel: Im vorangegangenen Kindergottesdienst wurden verschiedene Brückenformen auf Plakatkarton gemalt und im Altarraum der Kirche aufgehängt.)

Über meinem Kinderbett hing ein Bild. Ein Junge und ein Mädchen gehen über einen recht baufälligen Holzsteg. Unter ihnen ist ein tosender Gebirgsbach zu sehen. Hinter den beiden Kindern steht ein großer Engel, der seine Flügel schützend über die Kinder hält.
Von Brücken soll heute die Rede sein. Dazu haben uns die Kinder Bilder gemalt.

Holzsteg
Eine Brücke über-brückt etwas: eine Schlucht oder einen Fluß. Eine Brücke führt von einem Ufer zum gegenüberliegenden, so daß wir vergessen können, was da in der Tiefe ist. Wir brauchen nicht hinabzusteigen, um an der anderen Seite wieder hochzuklettern. Eine Brücke ist eine feine und bequeme Sache.

Hängebrücke
Brücken zu bauen, ist aber gar nicht einfach. Nicht immer kann man in einem reißenden Strom Pfeiler errichten und Brücken bauen, auf denen sogar Autos fahren können. Bei einer Hängebrücke braucht man Mut, um sich darauf zu wagen. Sie schwankt über dem Wasser - seitlich und auch in der Höhe.

Steinbrücke
Da ist uns eine Steinbrücke lieber. Sie steht fest. Da hat man keine Befürchtungen, sie könnte jeden Augenblick in die Tiefe stürzen wie eine Hängebrücke.
Heute werden oft Brücken gebaut, nicht um einen Fluß zu überspannen, sondern um ein Tal zu überbrücken. In den Alpen und im Sauerland finden wir viele solcher Brücken, die uns ersparen, auf Umwegen mit vielen Kurven ins Tal hinab und auf der anderen Seite wieder hoch zu fahren.

Meeresbrücke
Auch die großen, weitgespannten Brücken über Buchten oder von einer Insel zu einer anderen ersparen uns viel

Mühe, Zeit und Kraft. Wir brauchen keine Schiffsfähre zu benutzen.
Fähre
Eine Fähre ist eine schwimmende Brücke. Es gibt aber auch fliegende Brücken. Man glaubt es kaum.
Flugzeug
Die Älteren unter uns erinnern sich an die Luftbrücke. Als wegen der Währungsreform Berlin abgeschnitten wurde von allen Verbindungen zur Bundesrepublik und die Straßen, Wasserwege und Eisenbahnlinien gesperrt wurden, da richteten die Amerikaner eine Luftbrücke ein und flogen alle wichtigen Güter durch die Luft nach Berlin. Diese Luftbrücke hob die "Insel-Situation" von Berlin wieder auf.
Nun gibt es aber nicht nur auf der Erde tiefe Gräben, Täler, Buchten und Flüsse, die überbrückt werden müssen. Es gibt solche Gräben auch zwischen den Menschen. Und es scheint manchmal, als sei es viel einfacher, eine Autobahnbrücke zu bauen, als den Abgrund zwischen zwei zerstrittenen Menschen oder Parteien zu überbrücken.
Was kann man tun, wenn einer die Brücke zu den anderen abbricht? Es ist dann wie bei der berühmten Brücke von Avignon in Südfrankreich. Sie reicht nur bis zur Mitte des Flusses. Und doch ist eine halbe Brücke für die am anderen Ufer ein Zeichen, daß man den Brückenschlag wirklich will. Doch begehbar ist eine Brücke erst, wenn sie von beiden Seiten gewollt und gebaut wird.
Wir haben vielleicht schon einmal diese Erfahrung gemacht, daß wir auf einen anderen zugingen, mit ihm in freundschaftliche Beziehung treten wollten, er aber zog die Brücke wie bei einer Zugbrücke hoch, so daß wir vor dem Wassergraben standen und nicht zueinanderkamen.
Vielleicht müssen wir in solchen Fällen um noch mehr Vertrauen bitten, noch mehr Zeichen des Entgegenkommens setzen. So viele verschiedene Brückenformen es gibt, so viele verschiedene Möglichkeiten des Brückenschlags zwischen Menschen und Völkern gibt es. In der Politik nennen wir solche Brücken: Vertrauen bildende Maßnahmen.
Der erste Schritt ist oft der schwerste. Er ist aber auch der wichtigste. Jede Weltreise beginnt bekanntlich mit dem ersten Schritt.

Zwei Geschwister hatten sich gestritten und auseinandergelebt. Durch die Hochzeit und neue Freunde waren sie sich immer fremder geworden. Da starb die Mutter. Vor der Friedhofskapelle sahen sie sich seit langer Zeit wieder. Wer von ihnen würde als Erster auf den anderen zugehen? Wer zuerst da war, war im Vorteil. Er konnte es abwarten, ob ihn der andere begrüßen würde. Er konnte ihm aber auch entgegengehen. Die Füße können Ausdruck des Herzens sein. Verachten wir die Füße nicht!
Ein kleiner Streit wegen der Hausordnung - das war alles. Aber seitdem grüßten sie sich nicht mehr und wechselten kein Wort, obwohl sie sich oft auf dem Weg zum Briefkasten und auch sonst begegneten. Die Stille zwischen ihnen war tief wie ein Fjord. Da starb der Mann von Frau X. Als Frau Y Frau X auf der Treppe traf, sagte sie nur: "Es tut mir sehr leid, daß Sie Ihren Mann verloren haben. Herzliches Beileid." Seitdem war das Eis gebrochen. Das erste Wort - oder soll man sagen: die Überwindung des Stolzes, der Verzicht, recht behalten zu haben - hatte den Brückenschlag geschafft.
Unsere Worte können Brücken bauen oder einreißen. Seien wir Brückenbauer! Ein gutes Handwerk! Unsere Hände und Augen, Gesten und Blicke sind wichtige Bauelemente.
Wieviel Gehässigkeit kann in einem Blick liegen! Wieviel Versöhnlichkeit - von Zuneigung muß nicht gleich die Rede sein!- können Augen signalisieren. Eine Handbewegung, eine nicht erwartete Gefälligkeit kann Gräben überbrücken, den Weg zwischen zwei Menschen begehbar machen. Stolz und Rechthaberei, gekränkte Eitelkeit und verbohrter Gerechtigkeitsfanatismus sind nicht leicht zu überwinden.
Jesus war der beste Brückenbauer. Weil er demütig war, war er mutig genug, den anderen entgegenzugehen. Weil Jesus sich mit Gott eins wußte, konnte er auf sein Recht verzichten.
Es war damals rechtens gewesen, eine Ehebrecherin zu steinigen. Jesus aber baute ihr die Brücke zu einem neuen Leben. Zu den Gerechtigkeitsfanatikern, die stets das Wort auf den Lippen führen: "Recht muß doch Recht bleiben!", sagte er: "Wer von euch ohne Sünde ist, werfe den ersten Stein!" Die Ankläger verzogen sich, einer nach dem andern.

Jesus ist nicht nur der beste Brückenbauer. Er selbst ist die Brücke. Er sagte von sich: "Ich bin der Weg, die Wahrheit und das Leben."
Jesus ist der Brückenschlag Gottes zu den Menschen. In Jesus kam der Himmel zur Erde. Er schaffte es, daß sich Gott mit seinen Menschen neu verbündete, versöhnte.
Und wenn der Himmel zur Erde kommt, dann gibt's ein Fest. Denn dann siegt die Liebe über die Eigenliebe. Dann zählt die Sünde nicht mehr, und der Sünden auflistende Ankläger hat ausgespielt.
Die Bibel beschreibt die Brückenkonstruktion Gottes. Gott selbst kommt zu den Menschen. Er gibt sie nicht auf. Immer wieder versucht er, die Herzen der Menschen zu erreichen.

Lied: Wenn der Himmel zur Erde kommt.

Zu diesem Lied können die Kinder einen Reigen machen.
Immer wenn die Worte gesungen werden "Wenn der Himmel zur Erde kommt" und "Der Himmel kam zur Erde", führen die Kinder, die im Kreis stehen, die Hände von über den Köpfen herab nach unten und öffnen sie zur Schale.
Bei "...dann gibts ein Fest, dann gibts ein Fest" klatschen alle in die Hände.
Bei "Wir warten nicht auf irgendwann..." fassen sich alle an den Händen und gehen links im Kreis herum.
Bei "... weil Jesus längst zur Erde kam...." gehen alle nach rechts.
Bei "In Jesus kam uns Gott so nah" die Hände über den Kopf erheben.
Bei "..drum singen wir Halleluja..." klatschen und dabei sich um die eigene Achsen drehen.
Bei "Wenn die Liebe..." sich selbst umarmen.
Bei "Wenn das Licht..." zum Fenster zeigen.
Bei "Wenn die Sünde..." auf das Kreuz weisen.
Bei "Wenn der Tod gestorben ist..." in die Hocke gehen und hochspringen.

Wenn der Himmel zur Erde kommt, dann gibt's ein Fest, dann gibt's

ein Fest! Wir warten nicht auf irgendwann, das Fest kann schon be-

ginnen, weil Jesus längst zur Erde kam, die Engel ihm lobsingen.

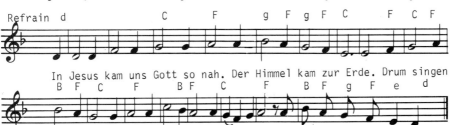

wir Halleluja, Halleluja, Halleluja, der Himmel kam zur Erde.

2. Wenn die Liebe triumphiert, dann gibts ein Fest...beginnen: In Jesus Gottes Liebe kam, drum laßt uns fröhlich singen: - Refrain -

3. Wenn das Licht die Nacht vertreibt, dann gibt's ein Fest...beginnen: das Licht der Nacht den Sieg wegnahm, wir wollen es besingen: -Refrain -

4. Wenn die Sünde nicht mehr zählt, dann gibt's ein Fest...beginnen: auf Golgota am Kreuzesstamm die Sünde ist bezwungen. - Refrain -

5. Wenn der Tod gestorben ist, dann gibt's ein Fest...beginnen: den Todesstoß der Tod bekam, Jesus hat ihn bezwungen. - Refrain -

aus: H. Gerlach / R. Hill "Stimmt mit ein", Neue Lieder für Kirche und Schule mit Liedsätzen für Orff-Instrumente. Verlag Lydia Gerlach, Marburg 1980

BITTEN UND DANKEN
Lukas 11,5-8

(Hilfsmittel: ein gesungenes Dank- und Bittgebet)

Wer bittet, sollte das Danken nicht vergessen. Das leuchtet jedem ein. Denn wenn uns jemand um einen Gefallen bittet und wir tun ihm diesen, er aber vergißt, sich zu bedanken, dann werden wir traurig. Es wird uns in Zukunft schwerer fallen, seine Bitten zu erhören.
Martin Luther, der vor etwa fünfhundert Jahren geboren wurde, hat das einmal sehr drastisch ausgedrückt und gesagt: "So schändlich lebt kein Tier, auch keine Sau, wie die Welt lebt. Denn eine Sau kennt doch die Frau oder Magd, von welcher sie Treber, Kleie oder das Futter zu fressen kriegt, läuft ihr nach und schreit ihr nach. Aber die Welt kennt und achtet Gott gar nicht, der ihr so reichlich und überschwenglich wohltut, geschweige denn, daß sie ihm dafür danken und ihn loben sollte."
Ich fürchte, Martin Luther hat die Wahrheit gesagt. Wenn ich einem Hund einen Knochen hinhalte, dann kommt er zu mir und möchte den Knochen haben. Streut die Bäuerin einige Körner um sich, so kommen die Hühner angerannt. Der Mensch aber? Er vergißt sehr schnell, wem er sein Leben verdankt, wem er seine Gesundheit und alles, was er zum Leben braucht, zu danken hat. Oder bildet er sich gar ein, er verdanke sich das alles selbst? Ich habe mir das Leben nicht selbst gegeben. Ich habe mir noch nicht einmal das Land ausgesucht, in dem ich geboren werden wollte. Auch nicht das Jahrhundert konnte ich wählen. Die Eltern habe ich mir auch nicht ausgesucht. Das alles ist doch Geschenk. Und für Geschenke sollten wir dem, der sie uns schenkt, danken. Oder wollen wir dümmer sein als das liebe Vieh? Obwohl in der Weihnachtsgeschichte von Ochs und Esel nicht die Rede ist, haben die Künstler doch auf ihren Weihnachtsbildern immer Ochs und Esel dazu gemalt, so daß wir uns die Krippe gar nicht ohne sie vorstellen können. Sie wollen uns damit ermahnen: Seid doch nicht dümmer als Ochs und Esel. Sie kennen ihren Herrn und kommen zur Krippe - ihr aber?

Wir wollen deshalb unseren Dank mit einem gesungenen Gebet vor Gott bringen:

Herr, wir danken dir für das Leben, das du uns gegeben.

Herr, wir loben dich für alle Freude, die wir haben.

2. Herr, wir danken dir für die Welt, die wunderbar geschaffen ist.
   Herr, wir loben dich für Frühling, Sommer, Herbst und Winter.

3. Herr, wir danken dir für die Blumen, Tiere und die Sonne.
   Herr, wir loben dich für Wasser, Luft und für die Sterne.

4. Herr, wir danken dir, daß wir sehen, hören, fühlen, schmecken.
   Herr, wir loben dich für Hände, Beine, Kopf und Füße.

5. Herr, wir danken dir, du gibst zu essen und zu trinken.
   Herr, wir loben dich, daß wir kein Mangel leiden müssen.

6. Herr, wir danken dir für die Menschen, die uns lieb versorgen.
   Herr, wir loben dich für alle Menschen, die uns helfen.

7. Herr, wir danken dir, daß die Welt in deinen guten Händen ruht.
   Herr, wir loben dich, du bist für uns der gute Vater.

aus: H. Gerlach / R. Hill "Stimmt mit ein", Neue Lieder für Kirche und Schule mit Liedsätzen für Orff-Instrumente. Verlag Lydia Gerlach, Marburg 1980

Jesus hat einmal eine Geschichte erzählt, um uns zu ermutigen, Gott zu bitten. Um diese Geschichte verstehen zu können, müssen wir wissen, daß die Häuser zur Zeit Jesu meistens nur aus einem einzigen Zimmer bestanden. Dieses Zimmer war Küche, Wohn- und Schlafzimmer zugleich. Die Betten konnte man morgens zur Seite räumen, denn sie bestanden nur aus einer Matte und einer Zudecke. Eltern und Kinder lagen nebeneinander auf dem Fußboden auf der Matte und deckten sich gemeinsam zu. Sie hielten sich gegenseitig warm. Wenn aber jemand nachts aufstehen

mußte, wurden die anderen wach.
Jesus erzählte nun von solch einer Familie, die nachts gestört wurde. Der Mann hatte den Riegel vor die Türe geschoben, hatte das Öllämpchen ausgeblasen und war unter die gemeinsame Decke gekrochen. Seine Kinder waren gerade eingeschlafen, als jemand an die Tür klopfte: "Hallo, ich bin dein Freund." So rief jemand draußen. Und er fragte: "Was ist denn los, warum störst du uns?" - "Stell dir vor, ich habe eben noch Besuch bekommen. Sie sind auf der Durchreise. Ich muß ihnen etwas zu essen geben, habe aber nichts mehr im Haus. Kannst du mir nicht etwas ausleihen?" Der Mann wurde ärgerlich. Wenn er jetzt aufstand, wurden seine Kinder ganz sicher wieder wach. Und wie froh war er, daß sie endlich eingeschlafen waren. "Du, ich kann jetzt nicht", rief er leise zur Tür. "Morgen früh bring ich dir Brot!" Sein Freund vor der Tür ließ aber nicht locker. "Du kannst mich doch nicht im Stich lassen. Wie stehe ich da, wenn ich meinen Gästen nicht einmal ein Stück Brot anbieten kann! Ich gehe nicht eher, als bis du mir Brot gibst!" Immer wieder fing er an zu bitten. Schließlich würden die Kinder noch vom Reden wach werden. Also kroch er ganz vorsichtig unter der Decke hervor und holte etwas zu essen. Dann öffnete er die Tür und reichte es seinem Freund heraus. Der zog zufrieden ab, und der Mann konnte sich wieder schlafenlegen.
Dies will uns Jesus klarmachen: So ist das bei den Menschen. Einer hilft dem anderen - nicht immer gleich und nicht immer voller Freude -, aber er hilft. Wenn das unter uns schon so ist, sollten wir dann nicht noch viel mutiger Gott bitten dürfen?
Wenn wir jemanden bitten, dann kommt darin zum Ausdruck: "Ich vertraue dir und hoffe, daß du mir helfen wirst." In der Bitte wird aber auch deutlich, daß wir den anderen achten, den wir bitten. Wer befiehlt, erwartet Gehorsam, prompte Erfüllung seines Befehls. Wer bittet, überläßt es dagegen dem anderen, ob er die Bitte erfüllt oder nicht. Wer bittet, drückt ferner damit aus, daß er auf Hilfe angewiesen ist. Der Bittende gesteht ein, daß er nicht alles aus sich selber hat oder alles alleine kann. Zum Bitten gehört deshalb immer auch Demut.

Wir wollen nun einige Bitten im gesungenen Gebet vor Gott bringen:

Herr, wir bitten dich für die Menschen, die da weinen.

Herr, wir rufen zu dir: Trockne ihre Tränen!

2. Herr, wir bitten dich für die Menschen, die Not leiden.
   Herr, wir rufen zu dir: Laß sie Hilfe finden!

3. Herr, wir bitten dich für die Menschen, die sich streiten.
   Herr, wir rufen zu dir: Mach dem Streit ein Ende!

4. Herr, wir bitten dich für die Menschen, die allein sind.
   Herr, wir rufen zu dir: Laß sie Freunde finden!

5. Herr, wir bitten dich für die Menschen, die krank liegen.
   Herr, wir rufen zu dir: Lindre ihre Schmerzen!

6. Herr, wir bitten dich für die Menschen, die Angst haben.
   Herr, wir rufen zu dir: Gib ein tapfres Herz!

7. Herr, wir bitten dich für die Menschen, für uns alle.
   Herr, wir rufen zu dir: Bleib uns immer nah!

aus: H. Gerlach / R. Hill "Stimmt mit ein", Neue Lieder für Kirche und Schule mit Liedsätzen für Orff-Instrumente. Verlag Lydia Gerlach, Marburg 1980

Noch zwei Dinge wollen wir uns merken:
1. Was wir selber tun können, darum sollten wir Gott nicht bitten.
2. Wenn wir bitten, sollen und dürfen wir darauf vertrauen, daß Gott unser Gebet hört - wenn er es auch manchmal anders erhört, als wir uns das vorstellen.
Ich will dazu zwei Geschichten erzählen, die es uns verdeutlichen:

Gott dürfen wir nicht belästigen, wenn wir ein Problem selber lösen können, aber zu faul dazu sind.

Die Zwillinge Sabine und Susanne spielten mit ihren Puppen am Brunnenrand. Plötzlich fielen beide Puppen ins Wasser. Sabine schrie aus Leibeskräften nach der Mutter, sie möchte ihr helfen. Susanne aber holte einen Stock herbei und versuchte, nach der Puppe zu angeln. Als die Mutter erschien, half sie zuerst Susanne, obwohl Sabine nach ihr gerufen hatte. "Warum hilfst du nicht zuerst mir" - protestierte Sabine - "ich hatte dich doch gerufen?" Die Mutter antwortete: "Ich mache es wie der liebe Gott. Ich helfe dem, der sich selber anstrengt!"

Es bleiben dann immer noch genug Probleme, die wir auch trotz unserer Anstrengungen nicht lösen werden. Dann dürfen wir mit um so mehr Vertrauen Gott bitten. Dann aber sollen wir auch die Zuversicht haben, daß Gott uns helfen wird.

In einer Gemeinde in Amerika versammelten sich die Gemeindeglieder zu einem Bittgottesdienst. Es hatte lange Zeit nicht geregnet, und die Früchte auf den Feldern drohten zu vertrocknen. Sie baten Gott um Regen. Als der Pfarrer auf der Kanzel stand und seine Gemeinde sah, sprach er: "Euer Unglaube, liebe Brüder und Schwestern, ist ein Skandal! Wir haben uns hier versammelt, um Gott um Regen zu bitten. Das ist recht so. Aber was sehe ich? Keiner von euch hat für den Heimweg einen Regenschirm mitgebracht!"

Laßt uns Gott nicht belästigen mit Problemen, die keine sind, weil wir sie selbst lösen können. Laßt uns aber voller Vertrauen zu Gott beten, wenn wir am Ende mit unserer Weisheit sind.

IHR SEID DAS SALZ DER ERDE
Matthäus 5,13

(Hilfsmittel: 2 Gläser mit Wasser, das eine davon mit stark salzigem Wasser)

Heute wollen wir uns Gedanken machen über die Bibel. Sie ist ein Buch, das nicht leicht zu verstehen ist. Aber es lohnt, sich Mühe zu geben, die Bibel immer besser zu verstehen. Sie ist das Buch der Bücher. Es gibt kein anderes Buch auf der Welt, das so oft gedruckt und gelesen würde wie die Bibel. Sie ist der Bestseller schlechthin. Die Bibel ist in fast alle Sprachen der Welt übersetzt.
Und doch darf man fragen: Ist sie bei uns wirklich so bekannt? Machen wir einmal die Probe. Ich werde gleich zehn Sätze sagen, und Sie sollen entscheiden, ob diese Sätze aus der Bibel stammen oder aus einem Theaterstück. Ich bitte Sie, sich nach jedem Satz zu melden, wenn Sie meinen, der Satz stamme aus der Bibel.
1.) Es ist nicht gut, daß der Mensch allein sei (1.Mose 2,18).
2.) Ich war mit Blindheit geschlagen (1. Mose 19,11).
3.) Ich konnte auf keinen grünen Zweig kommen (Hiob 15,32).
4.) Mir standen die Haare zu Berge (Hiob 4,15).
5.) Ich sah ein: ich bin von gestern (Hiob 8,9).
6.) Bis hierher und nicht weiter (Hiob 37,11)!
7.) Bleibe im Land und nähre dich redlich (Psalm 37,3).
8.) Recht muß doch Recht bleiben (Psalm 94,15).
9.) Ich schlief den Schlaf des Gerechten (Sprüche 24,15).
10.) Ein schönes Weib ohne Zucht ist wie eine Sau mit einem goldenen Ring durch die Nase (Sprüche 11,22).
Nun, Sie haben das Ergebnis selbst gesehen. Und vermutlich sind nun einige überrascht, wenn ich sage: Das waren alles Worte aus der Bibel.
Georg Büchmann hat im letzten Jahrhundert geflügelte Worte gesammelt und einen "Zitatenschatz" zusammengestellt. Darin benötigte er für Worte, die auf die Bibel zurückgehen 47 Seiten. Für Worte von Goethe brauchte er nur 17 Seiten und für Schillerworte 20.

Ohne Frage: Die Bibel hat unsere Sprache und unser Leben stark geprägt. Aber es ist auch fraglos, daß wir die Bibel immer schwerer verstehen. Ich möchte deshalb heute versuchen, einige Hilfen anzubieten.
Oft haben wir Schwierigkeiten, weil mit den Worten etwas anderes gemeint ist, als man im ersten Moment versteht. Das kennen wir aus der Alltagssprache. Denken wir an Redensarten: "Ich zerbreche mir den Kopf" - "Ich bin nicht auf den Kopf gefallen" - " Ich habe kein Brett vor dem Kopf". Jeder versteht, was gemeint ist, obwohl mein Kopf nicht zerbrochen ist und niemand ein Brett vor dem Kopf haben wird. Es gibt seltsame Ausdrücke, die man alle nicht wortwörtlich nehmen darf. Ich lebe weiter, auch wenn ich kopflos bin. Man stirbt auch nicht, wenn man aus der Haut fährt, sich das Hirn verbrennt, sein Herz verschenkt oder sich todlacht. Es tut nicht einmal weh, wenn uns etwas ins Auge sticht oder wenn wir übers Ohr gehauen werden. Wir merken: Alle diese Redensarten sind wortwörtlich verstanden blanker Unsinn. Und dennoch verständigen wir uns mit solchen Redensarten. Man muß freilich in ihr eigentliches Verständnis eingeweiht sein. Und das gilt eben auch von so manchem biblischen Ausdruck.
Es gibt aber auch ganze Geschichten, die man nicht wortwörtlich verstehen darf, sondern deren tieferen Sinn man erfassen muß. Es gibt Geschichten, die sind nie passiert, und dennoch sagen sie die Wahrheit. Ein Beispiel:
Es war ein Bauer, der besaß eine Gans, die jeden Tag ein goldenes Ei legte. Der Bauer war darüber sehr erfreut. Doch eines Tages kam ihm der Gedanke: Wenn die Gans goldene Eier legt, dann muß sich in der Gans ein großer Goldklumpen befinden. Wenn ich die Gans schlachte, so habe ich alles auf einmal und muß nicht jeden Tag warten, bis sie das nächste Ei gelegt hat. Also schlachtete er die Gans. Aber in der Gans fand er nur, was in allen Gänsen ist. Aber goldene Eier konnte ihm eine tote Gans keine mehr legen.
Wir alle wissen, daß es eine soche Gans nie gegeben hat. Und doch gibt diese Geschichte eine Lebenserfahrung wieder, die viele Menschen machen: Wer alles auf einmal

haben will, hat am Ende gar nichts. Ein Nimmersatt ist arm dran. Habgier führt ins Verderben.
Auch die Bibel erzählt uns Geschichten mit märchenhaften und fabelhaften Zügen. Da redet eine Schlange im Paradies, und da verschluckt ein Wal den Jona, um ihn später lebendig ans Land zu spucken. Es wäre töricht, wollte einer sagen: Weil es keine sprechenden Schlangen gibt, ist diese ganze Geschichte also nicht wahr. Nein, die Wahrheit wird nur auf bildhafte, verschleierte Weise zum Ausdruck gebracht. Wer sich Mühe gibt, kann diese geheimnisvolle Sprache entschlüsseln. Die Bibel spricht nun einmal nicht die platte Sprache der Bild-Zeitung. Wie tiefsinnig die biblische Sprache ist, wollen wir an einem Beispiel verdeutlichen. Jesus sagte zu seinen Jüngern: "Ihr seid das Salz der Erde." Was könnte er damit gemeint haben?

(Kinder werden nach vorne gebeten, um den Finger in die beiden Gläser Wasser zu tauchen und zu lecken, wie es schmeckt.)
Das Wasser in dem einen Glas schmeckt salzig. Aber das Salz sehen wir nicht. Sollen die Jünger auch so unsichtbar, aber wirksam wirken wie das Salz?
Wie schmeckt denn eine Suppe, bei der das Salz vergessen wurde? Fade. Sollen Christen das Salz an der Suppe sein, der Welt einen guten Geschmack, nämlich den Geschmack der Liebe, verleihen?
Salz hält frisch. Denken wir an die Salzheringe, die auf hoher See in Salz gelegt werden. Oder erinnern wir uns an das Sauerkraut, das mit viel Salz bis in den Winter hinein genießbar gehalten wurde. Salz ist Konservierungsmittel. Sollen wir Christen die Welt frisch halten, den Modergeruch der Verwesung fernhalten? Christen sind Kämpfer gegen den Tod. Deshalb wurde das Krankenhauswesen, das Rote Kreuz und viele andere Hilfseinrichtungen im christlichen Abendland entwickelt und nicht auf dem Boden anderer Religionen. Salzfunktion gehört wesentlich zum Christsein.
Eine andere Bedeutung könnte das Wort auch noch haben - eine Bedeutung freilich, an die Jesus vermutlich nicht gedacht hatte, weil man damals noch kein Streusalz kannte und auch nicht brauchte.

Das Salz hat die Fähigkeit, Eis aufzutauen. Und gibt es unter uns nicht auch eisige Verhältnisse? Ich denke nicht an den Straßenzustand, sondern an so manchen Ehezustand und an frostiges Klima in Büros und Betrieben. Wäre das nicht die Aufgabe der Christen, hier wie Tauwetter zu wirken, erstarrte Fronten aufzutauen, das Eis des Schweigens oder der Verbitterung zu brechen? Das Leben wieder in Fluß bringen, ist sicher eine wichtige Aufgabe für Christen.

Wir haben - denke ich - gemerkt: Die Bibel ist voller Geheimnisse. Sie fordert unser Mitdenken heraus. Sie nimmt uns in Anspruch.

Die Bibel ist das Wort Gottes, ein Wort, das nicht allein bleiben will, sondern unsere Antwort herausfordert.

1. Freude will mein Herz erfüllen, Freude soll mein Tun bestimmen,
2. Glaube will mein Herz erfüllen, Glaube soll mein Tun bestimmen,
3. Liebe will mein Herz erfüllen, Liebe soll mein Tun bestimmen,
4. Hoffnung will mein Herz erfüllen, Hoffnung soll mein Tun bestimmen,
5. Friede will mein Herz erfüllen, Friede soll mein Tun bestimmen,
6. Güte will mein Herz erfüllen, Güte soll mein Tun bestimmen,

1. Freude wird die Welt erhellen, Freude soll die Antwort sein.
2. Glaube wird die Welt erhellen, Glaube soll die Antwort sein.
3. Liebe wird die Welt erhellen, Liebe soll die Antwort sein.
4. Hoffnung wird die Welt erhellen, Hoffnung soll die Antwort sein.
5. Friede wird die Welt erhellen, Friede soll die Antwort sein.
6. Güte wird die Welt erhellen, Güte soll die Antwort sein.

aus: H. Gerlach / R. Hill "Stimmt mit ein", Neue Lieder für Kirche und Schule mit Liedsätzen für Orff-Instrumente. Verlag Lydia Gerlach, Marburg 1980

WIR BITTEN UM BEACHTUNG :

WEITERE ARBEITSHILFEN SIND ERSCHIENEN :

UND IHNEN LACHT DER HIMMEL

31 ausgearbeitete Seniorennachmittage zu religiösen, allgemeinen und heiteren Themen mit vielen Kopiervorlagen. Material für Frauen - und Gemeindekreise und für alle, denen der Himmel wolkenverhangen erscheint.
216 Seiten

LICHT VERTREIBT DIE NACHT

Eine Materialsammlung zu Advent und Weihnachten mit Predigtgedanken, Spielen, Vorlesetexten und vielen Abbildungen.
200 Seiten 2. Auflage

GEBETE - ATEM DES GOTTESDIENSTES

Für alle Sonn- und Feiertage: Wochenspruch, Eingangspsalm, Umschreibung des Psalms als Alternative, Kollektengebet, Fürbittengebet u.a.m. Leicht mitvollziehbare, aber nicht "modernistische" Gebete.
224 Seiten

SALZ ZUM WÜRZEN

Ca. 1.000 Bilder, Vergleiche, Fabeln, Anekdoten und Sprichwörter. Eine Fundgrube für Prediger und Lehrer.
192 Seiten

Neu!

LEHRBILDER

Für den Konfirmanden- und Religionsunterricht, für Kindergottesdienst und Erwachsenenarbeit (Bibelkreise):

FLANELLBILDER ZU THEMEN

die immer wieder "dran sind". Ein Hilfsmittel, abstrakte Inhalte anschaulich zu machen, ins Bild zu setzen. Die Bilder sind ca. 70 cm hoch, zum Ausschneiden aus verschiedenfarbigem Tonpapier. Das Haftmaterial und eine Anleitung werden mitgeliefert, ebenso eine Aufbewahrtüte zu jedem Thema. Auf der Vorderseite zeigt sie das fertige Bild, auf der Rückseite steht eine Interpretation und die Reihenfolge des Aufbaus.

Die beiden Serien sind jeweils nur komplett abzugeben!

LEHRBILDER ZUM GLAUBEN

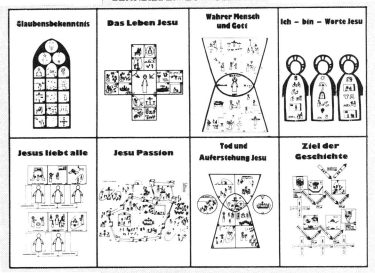

LEHRBILDER ZUR KIRCHE

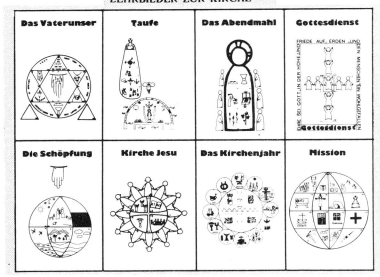

FORDERN SIE EINEN PROSPEKT AN: VERLAG LYDIA GERLACH LEIPZIGERSTR. 20
3550 MARBURG, RUF 06421 /41064